大夏书系 · 西方教育前沿

四个维度的教育
学习者迈向成功的必备素养

查尔斯 · 菲德尔
玛雅 · 比亚利克
伯尼 · 特里林 / 著

罗德红 / 译

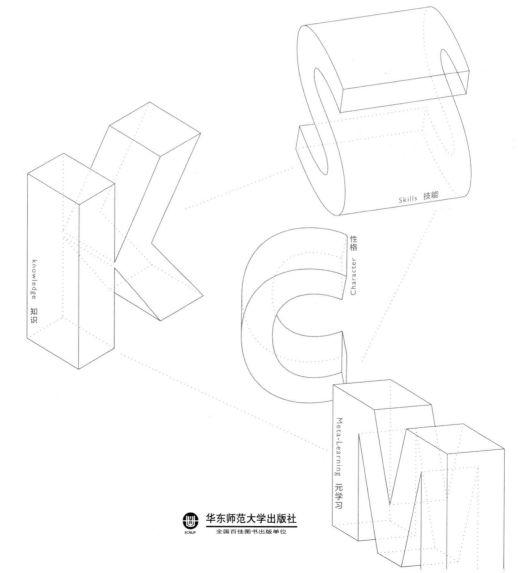

华东师范大学出版社
ECNUP
全国百佳图书出版单位

FOUR-DIMENSIONAL EDUCATION: The Competencies Learners Need to Succeed

By Charles Fadel, Maya Bialik, and Bernie Trilling

Copyright © 2015 by Center for Curriculum Redesign

Simplified Chinese Translation Copyright ©2017 by East China Normal University Press Ltd

All rights reserved.

上海市版权局著作权合同登记　图字：09-2016-509 号

对《四个维度的教育》的赞誉

来自国际组织

在《四个维度的教育》中,作者提出了一些独到和深刻的教育策略。年轻人应该在学校学习什么课程?现有共识并不明晰,且已经过时。《四个维度的教育》适时地分析了构成学习内容的系统边界,给出了清晰的答案。作者既建议在现有教育内容的边界里踏步,同时也鼓励跳出边界,构建井然有序的学习目标和组织。何去何从?作者鼓励我们进行双向创新。

——里尔·米勒(Riel Miller),联合国教科文组织未来论坛(UNESCO)的领导者

任何国家的课程内容都反映了国家的价值观,反映了国家对未来一代的希望。《四个维度的教育》聚焦于课程设计的"内容",**提出了丰富和实用的见解,激发政策制定者和教育实践者思考。**

——乔·哈尔加尔滕(Joe Hallgarten),皇家艺术协会(The Royal Society for the Arts, RSA)大课程设计(*Grand Curriculum Designs*)的领导者和教育主任

《四个维度的教育》启动了一场深刻有力、综合开放的对话，探究我们社会的核心挑战问题——**如何转换我们的教育体制**，以有效适应 21 世纪全球化的需求和期望。美国国际事务理事会（United States Council for International Business，USCIB）一直很荣幸地参与了这个对话。我们和课程重构中心（Center for Curriculum Redesign，CCR）开展一系列的圆桌互动，给教育者、经济学家和商业人士带来新的视野和观点，帮助学生**建设我们所渴望的世界**。

——彼得·M·罗宾逊（Peter M. Robinson），美国国际事务理事会的首席执行官（CEO）和主席

来自公司

在搜索、机器人和人工智能时代，学生应该学习什么？ 技术的进步和信息的爆炸迫使我们重新思考传统上以内容为中心的教育体制。《四个维度的教育》深刻理解了现代社会和劳动力需求的变化，以此为起点鼓励我们对教育课程进行重大变革，强调涵盖相关现代知识在内的深度素养。

——史蒂文·文特（Steve Vinter），谷歌剑桥站点主任

在快速变化的世界，《四个维度的教育》是那些对教育的未来感兴趣的人士的必读力作。预测未来的最好方法就是激发下一代学生将世界建设得更好。

——吉姆·斯伯热（Jim Spohrer），美国国际商用机器公司（International Business Machine，IBM）大学项目部主任

每一个与教育和教育改革相关的人士都应该阅读《四个维度的教育》。作者菲德尔（Fadel）及其他合著者以独到的语言和架构图，为多元利益相关者搭建求同存异的平台，提供创新性体制发展和比较的多种手段。

——约翰·埃伯利（John Abele），波士顿科学组织（Boston Scientific）的创办主席，大商船基金会（Argosy Foundation）主席

作为科学家、人文主义者、工程师、艺术家……作为终身教育者和学习者……作为父母亲，作为人类……为了我们的孩子，我们一直尝试着删减教育课程，同时基于他们的职业和生活际遇设计课程，以此**提升课程营养**。我们必须将我们的课程情境化，将其放置于教会学生如何思考，如何学习，如何综合信息和应用批判性洞察力的跨学科结构中，《四个维度的教育》正是这样一本书。它构造了一个分析和实用的基础——涉及全脑、全人和社会的所有需求，推动我们对 K-12 教育目标进行创造性改革。**《四个维度的教育》向传统的，不是那么相关的课程结构发起了建设性的挑战**。让这本书成为一个号角，唤起我们的行动，加入到课程重构中心的使命中，积极投身到打造地球未来的使命中。

——克里斯特·莱特（Kristen Wright），思科系统（Cisco Systems）的思科研究和开发创新部主任

教育需要从上到下的基础性变革。《**四个维度的教育**》从课程到教学，到评价，在思想的每个层面，**为这种变革的需要提供了合理性，使这种变革的需要成为中心**——该书设计的变革结构具有广泛需求性，与我们在 computerbasedmath.org 网站上开创的基础数学和 STEM［科学

（science）、技术（technology）、工程（engineering）和数学（mathematics）的简称］课程的变革相互融合，有异曲同工之妙。

——康拉德·沃尔夫拉姆（Conrad Wolfram），欧洲沃尔夫拉姆研究所（Wolfram Research Europe）的创立者

来自学术机构

《四个维度的教育》为 21 世纪的个性化 (personalized) 教育构建了一个综合的框架：它是综合的和适应的，同时也是允许选择的和满足地区需求的，传统的知识并非它的全部，它关涉教育的所有维度。**全世界的教育者和政策制定者赶快行动起来，为我们的学生和社会进行知识、技能、性格和元学习四个维度的教育。**

——托德·罗斯（Todd Rose），哈佛大学研究生教育学院思维、大脑和教育项目部主任

《四个维度的教育》在两个研究前沿之间构建了一条清晰的课程之路。一个前沿是评估新技术如何令人惊异地重构了我们未来的工作机会和技能需求，另一个前沿是如何为未来的劳动力（我们的孩子）提供竞争和茁壮成长所需要的技能。**该书架通了这两个领域，为我们提供了充满智慧和切实可行的观点，指导我们如何培养学生和公民分析、交流、互动和适应的能力。**

——大卫·奥特尔（David Autor），麻省理工学院经济学教授、系副主任

《四个维度的教育》深刻地分析了当今和未来世界的学生所需要发

展的能力，帮助教育者理解和探究我们直面的关键选择。

——卡罗尔·德维克（Carol Dweck），斯坦福大学心理学系刘易斯和弗吉尼亚·伊顿（Lewis & Virginia Eaton）心理学教授

可以说，人类在21世纪面临的最大挑战是教育，然而很少有组织像课程重构中心那样着力对此进行思考和分析。在当今时代，孩子们需要知道什么？我们的教育体制几个世纪以来一直按部就班地运行，而所需要学习的知识、技能和品质却日新月异。我向关心未来的人士重点推荐《四个维度的教育》，**它见解深刻，分析全面，视野高远，合乎逻辑**。它为未来一代的发展指明了方向。

——里克·米勒（Rick Miller），奥林机械学院校长

迅猛发展的技术向我们提供了应对巨大挑战的非凡机会，同时也打破了我们旧有的行为习惯。《四个维度的教育》建构了可持续学习的路线图，鼓励青少年和成年人在剧变的时代打破代沟，共同发展。

——罗伯·纳伊（Rob Nail），奇点大学（Singularity University）的联合创立者和CEO

来自基金会和非政府组织

当今，全世界的有志团体致力于确保每个孩子接受有助于充分发挥他们潜能的教育，那么首要的问题一定是：我们的最终目的是什么？团体情境与文化不同，答案也随之不同，但是它必将涉及全球责任意识和世界对今天儿童的期待。《**四个维度的教育**》——世界著名教育领导者挖掘的宝藏——提供了对实现成功必备的知识、技能、性格和元

学习的最新理解，是全世界各地区教育者在培养学生创造未来之路上取之不竭和受益无穷的资源。

——温迪·科普（Wendy Kopp），全民教育（Teach For All）的CEO和联合创立者

《四个维度的教育》阐述了改变教育和我们如何看待教育的卓见，令人信服。越来越多和越来越明显的迹象表明，全球经济由智慧和创新驱动，成功有赖于教育体制的变革。从K-12教育的基础到高等教育的入学要求，再到劳动力的所能和所需，该书激励我们重新定义何谓成功。

——马特·威廉姆斯（Matt Williams），知识学习基金会（Knowledge Works Foundation）政策和咨询项目副主席

《四个维度的教育》是菲德尔和特里林（Trilling）的处女作《21世纪技能：为我们所生存的时代而学习》（*21st Century Skills: Learning for Life in Our Times*）的续集，它阐述了全球教育变革的必要性和未来愿景，引人注目，观点新颖。该书以简洁易懂的语言道出了21世纪学习者获得成功的必备素养，是每个人必读的佳作。

——海伦·苏尔（Helen Soule）博士，21世纪学习伙伴（Partnership for 21st Century Learning，P21）项目的执行主任

《四个维度的教育》是课程重构中心基于对未来教育的大量研究而推出的力作，是秉承以创新驱动机构改革的具有全球视野的领导者和教师的必读佳作，是对21世纪教育感兴趣的为人父母者的上乘之选。

——希瑟·豪勒（Heather Hoerle），中学入学考试董事会（Secondary

School Admission Test Board）执行主任

《四个维度的教育》致力于使教育与剧变的社会发生更紧密的联系，它使我想起哈罗德·本杰明（Harold Benjamin）写于1939年的讽刺名著《尖牙的课程》(The Saber Tooth Curriculum)。该书虚构了一个史前社会，发生了"火吓跑了尖牙老虎"的故事。虽然故事中的"老虎"已不复存在，但是我们的课程依旧保留了这个故事。20世纪的学习者正迈步跨入21世纪，他们在很大程度上推动了世界的加速变化，他们有时候在正规教育框架内，但经常在教育体制外，以某种方式学会了适应、理解、多才多艺、合作和富有同情心。简而言之，学习者决定课程的命运。课程关注的不是史前社会的尖牙（saber-toothed），而是当今时代的激光技术（laser-focused）。**通过勾勒一个既适应成功又反映成功的动态学习框架，《四个维度的教育》是终身学习和变革的催化剂。我们未来一代的质量取决于教育改革的成功与否。**

——大卫·F.克朗（David F. Clune）博士，教育档案局（Educational Records Bureau，ERB）主席和首席执行官

我们当前的处境呼唤新的教育模式。**《四个维度的教育》**回应了这种需求，它**将为教育者提供强劲的工具，推动他们更好地帮助学生迎接21世纪的生活和工作挑战。**

——肯特·凯（Ken Kay）和瓦莱丽·格林希尔（Valerie Greenhill），21世纪教育领导者（EdLeader21）的联合创建者和《21世纪教育的领导者导向：学校和社区的七步行动》(The Leader's Guide to 21st Century Education: 7 Steps for Schools and Districts) 的合著者

致　谢

查尔斯的致谢：

感谢无数渴望充实生活的人们——你们是我的内在动力。谢谢你们！

感谢艾琳（Aline）、卡罗尔（Carole）和娜塔莉（Nathalie）的爱。我爱你们！

感谢约翰·埃伯利（John Abele）、兰达·格罗布-扎卡里（Randa Grob-Zakhary）、亨利·莫泽（Henri Moser）和阿蒂利奥·奥利瓦（Attilio Oliva），谢谢你们充满真诚和关爱的引导！

感谢本书的合著者，谢谢你们给予的极大耐心和无数专家级的贡献！

人类的可持续发展仰赖于充满能量的学习者！

为充满能量的学习者和可持续发展的人类祈祷！

玛雅的致谢：

献给全世界无以数计的在正规教育体制内度过童年的学生——希望该书有助于改进你们的体验。

感谢我的父亲，他终其一生为我提供尽可能最好的学校教育机会，耐心陪伴我度过了无数的时光，每时每刻都在为我创造点点滴滴的学习契机，支持推动我发展和进步的每一个自我决定。

感谢我的双胞胎妹妹——我的第一个教育实验对象。你真棒。

伯尼的致谢：

感谢学习的快乐，献给快乐的学习者，献给点亮星火且使其照亮终生的人——谢谢你们推动梦想的实现，谢谢你们带给我们所有人的快乐世界。

三位作者感谢下列人士对本书和课程重构中心的建议、观点和贡献（按姓氏首字母排名，仅列出部分）：

约翰·埃伯利（John Abele）、彼得·毕索（Peter Bishop）、米歇尔·布鲁里格斯（Michele Bruniges）、詹妮弗·奇德西（Jennifer Chidsey）、吉莉安·达维希（Jillian Darwish）、凯丽·斐瑟（Keri Facer）、德温·菲德勒（Devin Fidler）、库尔特·费希尔（Kurt Fisher）、詹妮弗·格罗夫（Jennifer Groff）、艾伦·汉布鲁克（Ellen Hambrook）、丹·霍夫曼（Dan Hoffman）、米凯拉·霍瓦托娃（Michaela Horvathova）、迈拉·拉尔丁（Myra LalDin）、克莉丝汀·李（Christine Lee）、小枝孙·李（SaeYun Lee）、道格·林奇（Doug Lynch）、托尼·麦斯（Tony Mackay）、里尔·米勒（Riel Miller）、里克·米勒（Rick Miller）、马尔科·莫拉莱斯（Marco Morales）、彼得·尼尔森（Peter Nilsson）、梅利莎·潘楚克（Melissa Panchuck）、伊格纳西奥·佩纳（Ignacio Peña）、罗伯特·普洛特金（Robert Plotkin）、迪迪埃·让邦德（Didier Raboud）、托德·罗斯（Todd Rose）、考特尼·罗斯（Courtney Ross）、安德里亚斯·施莱克尔（Andreas Schleicher）、德克·范·达美（Dirk Van Damme）、厄佳·维特卡（Erja Vitikka）、吉姆·温恩（Jim Wynn）。

特别感谢对本书"赞誉"的评论者以及经济合作与发展组织(OECD，简称经合组织)"教育2030"的研究团队。

目　录

前言：为什么反思教育内容如此重要？..................................001

导　语..................................005

第一章　为转型世界重构教育..................................001
全球趋势和挑战..................................001
可持续性..................................003
VUCA 和价值观..................................006
指数增长和未来预言..................................007
技术对我们社会的影响..................................011
技术、自动化、外包和工作..................................013
技术和教育之间的赛跑..................................020

第二章　21世纪的教育目标..................................023
教育目标的特点和演化..................................023
社会目标..................................025
教育目标..................................029
教育在演化吗？..................................031
21世纪课程的关键特征..................................033
教育目标的整体框架..................................040
超越知识——21世纪的素养框架..................................051

第三章　知识维度 059
　　知识——传统和现代 059
　　现代（跨学科）知识 072
　　专　　题 083
　　课程重构中心知识框架的总结 090

第四章　技能维度 093
　　知识和技能不可分离 094
　　技能和教育劳动力的鸿沟 096
　　创造力 099
　　互　　动 107
　　合　　作 109
　　应用学习 111

第五章　性格维度 113
　　为什么培养性格品质？ 113
　　性格教育的目标 115
　　六种性格品质 117

第六章　元学习维度 135
　　元认知——对学习目标、策略和结果的反思................................136
　　内化发展的心态..140
　　元学习的重要性..143

第七章　简述如何实施四个维度的教育 145
　　课程和教学方法之间的反馈回路..145
　　与技术的交互...146

第八章　结　语 149
　　教育、证据和行动..149
　　社会的元学习...152

附　录 153

关于作者 159

前言：为什么反思教育内容如此重要？

安德里亚斯·施莱克尔（Andreas Schleicher）

（经合组织 PISA 项目部主任）

对学习者的要求和由此对教育系统的要求正在快速演变。在过去，教育是指教给人们某些东西。现在，教育必须培养个体具备可靠的能力（compass）和探究技能，以使得他们在不确定性、多变性和模糊性日益增加的世界中找到自我之路。如今，我们不再确信世界将以何种方式向我们呈现。事实上，令我们感到惊奇的是，我们常从一些非同寻常的事情中接受教训，其实我们也理应如此，但有时候它们也让我们备感挫折。当我们正确理解了错误和失败的时候，我们就会经常发现正是它们创造了学习和发展的情景。一个世纪以前，教师可以期待他们教给学生的东西足以让他们受用终身。今天，社会和经济发展日新月异，学校需要帮助学生作好准备，迎接还没有创造出来的工作，使用还没有发明出来的技术，解决我们尚一无所知的社会问题。

我们如何培养积极和热情的学习者来迎接明天未知的挑战，更不要说迎接今天的挑战？教育的进退之难是，最容易测试和掌握的技能是最容易计算机化、自动化和外包的技能。毫无疑问，课程中最先进的知识一直是最重要的。有创新精神和创造力的人通常具备某一个知识领域或者实践中的专门技能。因为我们深谙技不压身的古训，我们总是没有停下学习的脚步。教育成功不再是对内容知识的复制，而是将我们的所学外化和应用到新的情境中。简而言之，世界已经改变，它对你的回报不是因为你的所知——搜索引擎无所不知——而是你用所知做了什么，你的表现如何，以及你的适应性如何。当今世界的主要分化在于此，为了弥合这种分化，教育正倾向于发展创造力、批判性思维、交流与合作，倾向于传授现代知识，包括辨别与利用新技术潜在功能的技能，倾向于培养性格品质。我虽然最后才提到性格品质，但其实它非常重要，良好的性格品质有助于团结成功人士，使他们形成工作和生活共同体，共同推动人类的可持续发展。

传统上，我们处理问题的手段是将问题分解为易管理的零碎部件，然后再传授学生解决问题的技能。但今天，我们却反其道而行之，通过综合迥然不同的部件来创造价值。这种教育要求我们具备好奇心和开放思维，还要求我们熟悉和接受其他领域的知识，将貌似不相关的观点连接在一起。如果我们终其一生仅学习一门学科，我们将无法想象节点中潜藏着新事物的爆发力，更无从将这些节点连接在一起。

世界也不再分为专才和通才。专才具备深厚的技能但视野狭隘，他们的专业才能得到本领域同行的认可，但是难以扩展到领域之外。通才具有广阔的视野但技能不深。越来越发挥作用的是多面手（versatilists），他们能够将深度技能应用到不断发展变化的情景中，逐步拓展经验和活动的视野，获取新的素养，建立关系，承担新任务。他们能够不断适应、学习和发展，能够在快速变化的世界中自我定位和调整定位。

也许最为重要的是，在今天的学校，学生通常是进行个别化（individually）学习，我们在学年末评判和授予他们个人的学习成绩。但是，世界是相互联系的，且联系程度越高，我们在生活、工作和公民权利方面就越依赖那些有能力与他人互动的合作者和协调者。现在，创新很难是个体孤立工作的成果，更多的是我们动员、分享和链接知识的结果。因此学校需要使学生作好迎接新世界的准备。在这个新世界中，学生需要与来自不同文化背景的人进行合作，欣赏不同的观点、视角和价值观；需要决定如何求同存异、相互信任、合作共赢；他们的生活将受到不同国家观念的影响。换言之，学校需要转向，从传统知识在价值上快速衰微的旧世界，转向深度素养在能量上不断增长的新世界。这种转向应该基于传统知识和现代知识的有意义的融合，以及这种融合与技能、性格品质、自我导向学习的相互渗透和引领。

在世界上的很多学校中，教师和学校的领导者辛勤工作，帮助学习者发展上述提到的新知识、技能、性格品质等方面的素养。但同样明显的是，如果有人进行改革，试图在当今密集的学校课程中为新的教育内容腾挪出位置的话，他就会遇到许多维持现状的阻力。这样导致的结果就是，当今的课程进步非常缓慢，且距离理想的状态很远，控制当今课堂的依旧是部分相关的课程，极大地限制了深度素养和现代教学论的发展。

重塑基于当今世界所需的学校课程如此之难的根本原因在于，我们缺乏推动教育素养优先化发展的有组织的框架，没有围绕着学生在不同发展阶段的应学内容进行系统的研讨。**《四个维度的教育》提供了一个清晰和可行动性（actionable）的框架，首次系统建构了本世纪所需素养的框架。它的主要创新之处不在于提供了个体所学内容的某种通用的清单或目录，而是清楚地确定了一个空间**，教育者、课程规划者、政策制定者和学习者能够遨游其中，基于自我的情境和未来，建立课程的应然内容。经合组织规划的"教育2030"项目将以合作的方式采纳课程重构中心的该项基础性工作。经合组织正在就国际比较课程框架进行深度分析，意在开发课程培养的素养框架。通过经合组织的全球召集能力，我们将和全球范围的共同体和多元利益相关者开展互动，对该书建构的框架进行检验、修改，使其生效。

导　语

> 我们不能用制造问题的思维解决我们的问题。
> ——艾伯特·爱因斯坦

教育——本书指的是正规化的学校教育——是全球每个国家每个公民发展的基础。它的目的是培养学生茁壮发展的能力，使之具备大力推动社会进步的潜在能力。好的教育能够培养更有能力和更具幸福感的学生，建设更加和平与可持续发展的社会——经济发达，社会公平，人们过着各种意义上的健康生活。

全世界的学校在达成这些崇高（lofty）目标上的表现如何？

这很难直接测量，但是有几个评估的线索。经济的不平等与日俱增，教育和就业机会的发展日渐失衡，暴力事件在全球持续增多。更糟糕的是，世界的变化之快超乎预期。我们正在亲证转型——巨大的和广泛的变化，诸如国际流动潮流、家庭结构变化、人口多样化、全球化及其对经济竞争力和社会凝聚力的影响，新兴职业不断涌现，技术进步日新月异，技术依赖与日俱增，等等。技术的变化非常迅速，经常加剧社会的挑战。换言之，我们教育所为之设计的社会已经不复存在，即使我们为形态如此之新的社会重新建构一个新的教育体系，当下就读的低年级学生高中毕业时，它又部分落后于社会了。因此，我们在当下能够何为？答案是，我们必须心怀社会变化不可逆转之态度，重新设计课程，培养学生的适应能力和多样化才能。

这是个机会。人类具有反思、适应和积极调整以形构我们所想要的未来的能力。许多教育项目关注如何实施教育。这非常有价值，也非常重要。但是，我们在此提出的问题是，我们教给学生的东西是正确的吗？我们评价的内容是正确的吗？学生应该学习什么才能为21世纪作最好的准备？

在这本书中，课程重构中心提出了解决问题的一个框架，以使得课程能追上当今世界发展的步伐，恰当定位与不确定的未来的关系。该框架聚焦知识（学生所学习和理解的）、技能（学生对知识的应用）、性格（我们的言行举止和为人处世的方式）和元学习（学生在以目标为导向的持续学习与发展中的反思和适应）。

本书的目标读者是教师、系部主任、校长、管理者、政策制定者、标准确定者、课程和评估开发者、其他相关的领导者与影响者。该书旨在发展他们对当今需求和挑战的深刻理解，并帮助他们设计具有创新性的解决方案。

第一章
为转型世界重构教育

> 昨日东流似水，今朝万象更新。
>
> ——尤吉·贝拉

全球趋势和挑战

作为个体和社会的一个成员，我们何为方可确信我们对世界产生了积极的影响？我们普遍达成的共识是，更美好的未来是更和平的与可持续发展的社会，更多的人成就自己的事业和抱负，更充分地发挥他们的潜能。这些相同的目标还可理解为——公民和社会的高度参与，个人的健康幸福，优质的工作机会，持续提高的生产力，生态的可持续发展，等等。

从理论上而言，教育儿童意味着使他们适应未来的世界，培养他们积极工作和改善工作的能力。然而，越来越多的来自全球性的科学研究、就业调查、大众和教育者自身的观点表明，全球范围的教育体制没有完全实现这些目标——学生还没有为当今世界的成功作好充分的准备，更不用说未来世界的了。

为什么这么说呢？世界在震荡中持续转型，而我们教育的适应速度缓慢，没有满足转型带来的要求。工业革命时期先进的教育蓝图在今天已经斗转星移，今天的挑战和机会不仅异于工业革命时期，甚至和互联网诞生之前的二三十年前也大相径庭。当今世界是完全相互关联的，这种全新的和电子化的联系催生了各类全新的潜在问题。

这些新问题在2008年全球金融危机中表现得非常明显。在过去，一个国家的小部分银行可能出现困难，且它们必须独自承担；现在，当体系的某部分塌陷的时候，其负面效应通过相互连接的经济体系而产生了繁殖效应，带来全球问题。我们的社会体系已经连接成为巨大的、全球性的交互生态系统，在全球性的灾害面前更加脆弱。换言之，我们的社会体系庞大而脆弱。[①] 在顶层，我们努力调整对经济发展的希望，因为它受到人口爆炸和过度消费及其所带来的气候和资源后果的深刻影响。

世界经济论坛近来召开了经济、地理政治学、社会学、技术、环境科学、企业、学术组织、非政府组织和政府组织方面的专家会议，列举了最紧迫的世界趋势和挑战。他们将这些问题之间的关系图像化，高度强调重要的关系，例如不断增长的收入差距和因社会不稳定因素而不断增长的危险。

这些趋势和危险是我们在50年前没有预计到的，且它们将以无法预计和不可估量的方式持续发生交互和演化。而同时，我们的学生却在继续学习原来的课程，没有作好面临世界挑战的准备。

---

① N. N. Taleb, *Antifragile: Things That Gain from Disorder* (New York: Random House 2012).

可持续性

世界变化对人类的影响是一个相对新的发展现象。从历史来看，全球人口只是在近来才以不可持续的速度增长。[1]

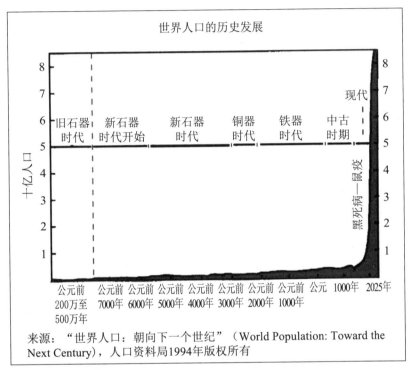

图1.1 世界人口发展
来源：人口资料局（Population Reference Bureau）

由于我们处于全球性的相互关联和相互依赖的生活支持系统网络中，人口爆炸对我们产生了巨大的影响。我们的社会被消费和竞争之

---

[1] Elaine M. Murphy, *World Population: Toward the Next Century* (Washington, DC, Population Reference Bureau, 1994).

网控制，我们赖以生存的资源正在快速地消失。

在全球范围内，我们平均每年所使用的资源需要花费地球 1.5 年的时间生产。[1] 计算方式是，以某一个国家的生活方式和消费模式为基准，如果地球上的每个人以该国的资源消耗速度进行消费的话，支撑其消费水准的土地资源转化为支撑全球人口所需要的陆地数量（见图 1.2）。[2]

根据很多科学家的研究，我们对环境的影响足以导致人类毁灭。历史上有许多类似的例子，人类自我毁灭的行为总是从量变开始的。生活在复活岛（Easter Island）上的部落展开恶性竞争（包括竞争性地雕造巨大的偶像石刻），最终他们用光了岛上的所有资源，他们的文化也由此瓦解。

根据进化生物学家杰瑞德·戴蒙德（Jared Diamond）的研究，复活岛上的文明解体和当今世界具有"明显到令人恐惧"的匹配性。在他的《解体》（Collapse）一书中，他追寻了好几个解体文明的轨迹，展示了它们与当今世界文明之间的相似性。他写道：

> 由于我们行驶在非持续性的快车道上，世界环境问题将会以某种方式在当下儿童或成年人的未来有生之年中得到解决。唯一的问题是，它们是以我们选择的愉快的方式解决，还是我们选择之外的非愉快的方式终结，例如战争、种族大屠杀、饥饿、疾病流行和社会的解体。[3]

---

[1] Global Footprint Network, www.footprintnetwork.org/en/index.php/GFN/page/world_footprint.
[2] Christine McDonald, "How Many Earths Do We Need?" BBC News, www.bbc.com/news/magazine-33133712.
[3] Jared Diamond, *Collapse: How Societies Choose to Fail or Succeed* (Penguin: New York, 2005), 498.

如果世界人口像图中国家那样生活的话，70亿人需要多少土地？ 每平方英里

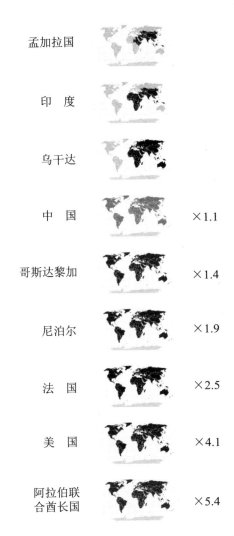

插图：特姆·德·钱特（Tim De Chant）2012年版权

图1.2 人口和土地
来源：生态足迹网（http://www.footprintnetwork.org）

人类种族的生存依赖于我们是否能够跨越学科分野和政治分歧，将知识付诸行动。教育可以是生存的强大工具，但是当今的学校教育并没有一贯而有效地去培养学生应对这些挑战的素养。

VUCA 和价值观

VUCA 是易变（volatility）、不确定性（uncertainty）、复杂性（complexity）和模糊性（ambiguity）的首字母缩写，是用以描述我们未来的新创词。该词于 20 世纪 90 年代末首次用于军事领域，接着许多人采纳这一观点论述组织的领导策略，从非营利组织到教育机构和政府系统，影响范围甚广。通俗而言，它旨在发出警告——我们的世界正在变得越来越难以预测和管理。

我们的未来部分取决于我们的价值观。从长远来看，消费主义和物质主义趋势是非持续的，它们在很大程度上由社会和文化所决定，由此它们将随着一种文化价值观的转换而改变。社会的价值观也影响了某种特定的文化所赖以存在的不同价值观连续体，诸如敌对和容忍、个人主义和社会凝聚力、物质主义和追求深层次意义。当我们开始共同考虑一种可替代价值观——全球可持续性和个人的自我实现——的时候，我们其实是在回应两股力量。推力是基于我们当今的价值观所带来的需求和焦虑，拉力是基于转换价值所带来的更美好的社会体制。（见表 1.1）

表 1.1 推力和拉力

推力	拉力
关于未来的焦虑	对安全和社会凝聚力的承诺
担忧政策的调整尚不足以避免危机	个人为他人、自然和未来负责的道德

续 表

推 力	拉 力
害怕失去自由和选择	参与社区、政治和文化生活
疏离主流文化	追求个人意义和目的
有压力的生活方式	表达个人情感和更加牢固的天人关系

来源：P·拉斯金等的《大转型：未来的承诺和诱惑》(The Great Transition: The Promise and Lure of Times Ahead)，马萨诸塞州波士顿斯德哥尔摩环境研究所（Boston, MA: Stockholm Environment Institute），2002

这些推力和拉力带来的价值体系孕育了激动人心和充满灵感的目标，而非纯粹防御性或者沮丧的态度。意识到它们对我们当代生活的影响，我们方可怀着理想和规划积极投身于改变之中，而非仅仅消极应对我们周围的巨大变化。这种能动性（agency），因其对改变世界的不可或缺性，如果欲求 21 世纪的教育有效，则需要对其进行反思。

指数增长和未来预言

> 很难作出预言，特别是关于未来的预言。
> ——马克·吐温

我们人类习惯于作线形思考，指数增长对我们而言是个难以掌握的概念。想想印度国王的故事吧。他向克利须那神（Krishna）下战书比赛象棋。他们的赌注是在棋盘的第一个方格中放一粒米，在随后的方格中放前面方格米粒数的两倍。国王输了比赛，他按照约定在第一个方格内放了一粒米，但是他很快意识到他无法兑现承诺。一粒米很少，一粒米的两倍似乎也不多，但是增长却是指数级的。到第20（应为21——编者注，下同）个方格的时候，米粒数量已经增长到（约）100万粒，随之在第21（应为22）个方格内增长到（约）200万粒。到最后一个方格的时候，米粒数量已经达到了惊人的 $1*10^{26}$（one hundred quadrillion）（应为 2^{63}）——相当于我们当今世界大米产量的1000多倍（数据比较有误）。

计算和交互技术也以类似的方式发展。在晶体管电路方面，甚至有专门术语来描述这种快速变化的现象，即摩尔定律（Moore's Law）。摩尔定律表明，晶体管的密度每隔1.5～2年增长一倍，其计算速度和存储容量也相应增长。

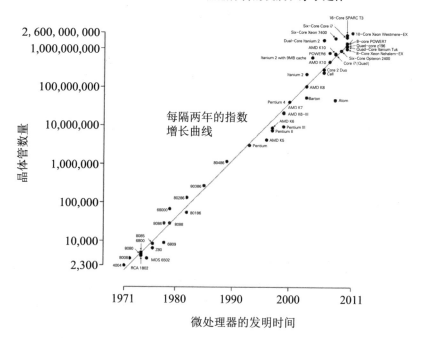

图1.3 摩尔定律
来源：维基共享资源（http://bit.ly/1QkcSe8）

由此，我们今天正经历着互联网交互技术的巨大革命。这是第一个真正全球性的、交互的、社会的交流媒体，它将大部分世界人口连接在一起。关于世界的观点、图像和声音以光的速度在世界穿梭，使工业和文化陷于动荡之中。换言之，无线电和电视机分别花了38年和13年的时间获得了五千万的传播人口，而网络和脸书（facebook）只分别花了4年和2年的时间。今天技术变化的速度非几年前可比——技术中的创新比比皆是、难以计数，比任何文明时代的发展都更为神速。

通常而言，我们通过外推过去来预言未来，但经常偏离轨道。2004年，最畅销的移动手机是诺基亚2600，一种单功能蜂窝电话。那时候人们认为手机尺寸将越来越小，且不会有很大的变化。然而仅仅三年之后，第一台iPhone诞生，改变了手机的设计轨迹和使用方式，促进了智能手机的发展。现在我们的"手机"比老的诺基亚手机大多了，几乎没有按键，还开发了与生活方方面面相关的应用服务生态系统。

由于变化并没有沿着趋势演变，而是呈断裂状，因此我们在2004年很难预言这个世界的趋势。同样地，我们现在关于教育的任何预言都难以全部命中。基于现在的趋势所进行的预言不能完全用于敲定我们未来的教育目标、标准和课程。更确切地说，我们必须创造灵活的指南，培养学生的多种能力，以使他们无论不可预言的世界如何变化都能获得成功。

超越雇主的视角，我们可以通过IBM可视化的T型个体（T-shape individual）①——具备知识的宽度和深度之人，对多种能力进行清晰的表述。

---

① Jim Spohrer, *Slideshare*, www.slideshare.net/spohrer/t-shaped-people-20130628-v5.

图1.4 T型个体
来源：IBM 的吉姆·斯伯热（Jim Spohrer）

可以期待的是，在个体的一生中，他们将发展多种专业能力——一种 M 型个体。虽然人们几乎难以预测遥远未来重大技术突破的某些具体特征，但是不同的组织还是对不远的将来的某些大规模的发展模式进行了充分的预测。表1.2 对三种预测进行了对比，呈现了它们在普遍问题上的相通之处。

表1.2 趋势比较

知识学习基金会（预测2020年）[①]	世界未来社会（World Future Society）（未来20—30年的10大突破）	麦肯锡全球研究所（McKinsey Global Institute）（前12项经济破坏性技术）[②]
人类寿命的延长	—	下一代基因组学

[①] 参见本章"指数增长"部分的讨论。
[②] James Manyika et al., *Disruptive Technologies: Advances That Will Transform Life, Business, and the Global Economy*, McKinsey Global Institute (May 2013), www.mckinsey.com/insights/business_technology/disruptive_technologie.

续表

知识学习基金会（预测2020年）	世界未来社会（World Future Society）（未来20—30年的10大突破）	麦肯锡全球研究所（McKinsey Global Institute）（前12项经济破坏性技术）
相互关联的人、组织和地球	全球接通互联网、虚拟教育	全球人口流动
智能机器人和系统的兴起	量子机器人、纳米技术、智能机器人	知识和劳动的自动化、高级机器人、自动化和类自动化设备、3D人体打印、先进材料
大数据和新媒体	随选娱乐	物联网、云技术
环境压力和需求	可替换能源、海水淡化、精细农作	能源储存、先进的石油和天然气勘探、再生能源
放大的人	生物统计学	—

来源：课程重构中心

这些趋势很可能对学生需要学习的相关内容具有深远的意义，也对他们在21世纪教育体系中的创新性学习方式产生深远影响（关于这一点，在第三章"知识维度"中将展开阐述）。

技术对我们社会的影响

技术赋予我们力量，但是它没有也无法告诉我们如何使用这种力量。

——乔纳森·萨克斯

长期以来我们一直担忧技术对我们的社会所作的改变。众所周知，苏格拉底（Socrates）相信，书写"带来学习者灵魂上的健忘"，由此他没有留下自己的文字和著作。在某种程度上，他是对的。

在文化传播上，有些民族一直承袭口耳相传的悠久传统，他们能够完全凭记忆背诵史诗作品，诸如《伊利亚特》（*Iliad*），而我们的现代文化似乎令人难以置信地缺乏这种记忆能力。在人类历史发展的绝大部分时期，人们通常能记下整本书的内容，但是由于现在没有这种必要性了，人们就不再对这种技能加以训练。如果苏格拉底穿越到现代，他一定会感到惊愕，因为我们记忆的东西是如此之少，我们是如此依赖我们大脑之外的存储设备。

然而，文字书写给我们呈现了历史的积累过程，我们在任何时候都可以进行翻阅和查询，进行补充和探讨。因此，对技术影响的担忧是有鉴于真实后果的老生常谈的话题，同时也是蕴藏无限生机的话题，因为技术赋予我们能力和改变世界的潜在可能性。

对于技术影响社会，批评家们的批判靶心是儿童肥胖率上升，面对面交流被多用户视频游戏替代，源于媒体过度使用的成瘾和退化行为，电子阅读相对纸质阅读的低阅读理解能力，等等。然而，造成这些后果的不是技术本身，而是人们对新技术的适应性和使用现有技术的方法。例如，游戏公司正在开发便于人们在真实世界中面对面合作和互动的游戏，相关人士也在思考和尝试如何将游戏使人成瘾的特点（自主、掌握和目的）转向于更强大的学习体验。① 另外，相关专家也在研究在不同类型媒体上进行阅读后理解上的细微差异，未来的技术创新有可能就此获得突破。

---

① D. H. Pink, *Drive: The Surprising Truth About What Motivates Us* (New York: Penguin, 2011).

每一种技术被突破都有可能带来正面和负面的影响——进步其实是双刃剑，技术是超越道德的放大物（amplifier）。例如，互联网上知识的商业化和商品化扩大了知识的受众对象，提升了知识的传播速度和分享效果，但同时也传播了一些危险知识，如3D武器打印、军用生物毒剂的家庭制作，等等。科学发现同样无法避免双面性——核能可作为积极和富足的能源资源，也可用以制作威力强大的毁灭性武器。

我想强调的是，我们不可能阻碍或者减缓发明和技术的进步，但是我们可以做到如何在我们的生活中慎重使用。我们需要非常明确想从技术那里得到什么，这样的话，我们才能够持续控制它的负面作用，发挥它的积极作用。我们需要高度知觉，技术于我们而言是达到目的的工具，不要为其新异性或权宜性所吸引。

我们的教育体系需要关注这些普遍积极的目标，即培养所有学习者的个人素养、专业水准和智慧。所有的学生需要学会思考他们行动的广泛意义，谨慎地行动，反思和适应世界的变化。

技术、自动化、外包和工作

为了解决我们还不知道问题是什么的问题，我们正在培养学生为还不存在的工作作好准备，也正在培养学生使用还没有发明出来的技术。

——理查德·赖利

技术首先帮助人类摆脱了体力劳动的灰尘、汗水和危险。接着，它通过自动化让我们摆脱了很多枯燥的脑力劳动。如今它甚至带来了某种威胁,因为它开始承担那些要求专家决策的任务。① 例如,科学家训练计算机诊断乳腺癌,计算机有可能在某个特定的时间段内比人类医生考虑到更多的诊断因素。②

但这是否意味着人类最终将被挤出自己的职业领域？随着计算机开始驾驶汽车和订餐,这种担忧开始成为公众讨论的话题。或者这是否意味着更多的人将获得解脱,从而得以从事更有意义的工作,借助更强大的工具将自己的工作做到最好？或者更多的人将更深入地追随自己的热情,从而对世界产生更积极的影响？

人类的工作和专业才能有不同的表现形式和风格。基于全世界不同国家对技术的多样化转化,一些工作已经被自动化,或者在其他国家成为廉价的劳动。在某些特定的地方对某些特定工作的精准需求正在消失,但因其在世界其他地方的广泛需求而又再度兴起。

图 1.5 和图 1.6 阐释了自 1850 年以来工作类型在百分比和实际数量上的变化。

---

① 更详细内容参见: Erik Brynjolfsson, *The Second Machine Age: Work, Progress, and Prosperity in a Time of Brilliant Technologies* (New York: W. W. Norton, 2014).
② Andrew Beck et al., "Systematic Analysis of Breast Cancer Morphology Uncovers Stromal Features Associated with Survival," *Science Translational Medicine* 3 (2011), http://med.stanford.edu/labs/vanderijn-west/documents/108ra113.full.pdf.

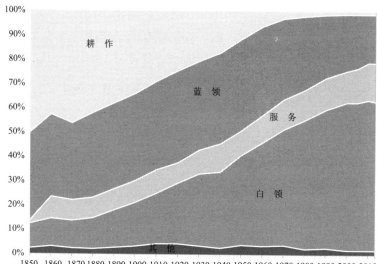

图 1.5　工作种类的百分比变化
来源：美国明尼苏达综合公共使用微观系列（IPUMS-USA，Universiey of Minnesota）

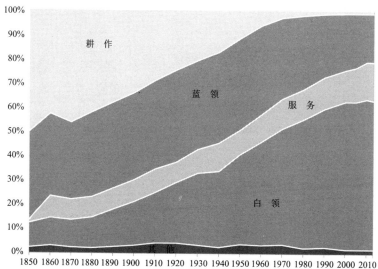

图 1.6　工作种类的数量变化
来源：美国明尼苏达综合公共使用微观系列

人们在直觉上认为，技术进步将使得工作更加容易，且将有更多闲暇时间，但这与事实并不一致。人们现在的工作量还是那么多，如果工作时间没有更长，工作任务没有更难的话，生产的产品也越来越多。即使某些特定工作已经自动化了，全新的工作又诞生了，例如媒体管理员和云服务工程师等。

自动化不是新的现象。汽车代替了马，古登堡（Gutenberg）印刷技术代替了中世纪的抄写工，洗衣机代替了洗衣工，条形码扫描器、信用卡读卡器和移动手机支付芯片代替了收银员，等等。最近，零售商H&M承认使用"毫无瑕疵"的人体模特代替真人模特。

图 1.7　人体模特——只有脸是真的
来源：《法国世界报·文化和观念》(Le Monde Culture and Ideas)，2011年12月24日

上述现象提出了一些重要的问题：

- 什么职业倾向于自动化？什么职业不会自动化？
- 更准确地说，自动化的程度如何？
- 将会创造出什么新的工作？它们对工作素养的要求是什么？

- 我们如何培养学生为他们毕业时才存在的工作作好准备?

首先,我们必须明白自动化的工作原理。一般而言,它是计算机按照预定的路径或者法则而执行的程序。相比于人类的长处是灵活性和综合性,计算机的优势在于它的速度和精确性。图1.8列举了一些例子,程序的排列顺序是由易到难。

程序难度不断增加 →

工作种类	基于指令的逻辑	预定路径的辨认	人类工作
	计算机采用演绎指令加工	计算机采用归纳指令加工	无法发出指令或者无法获取必要的信息
例 子	·计算基本的个人所得税 ·打印登机牌	·辨认声音 ·预测贷款违约	·书写具有说服力的诉讼案件 ·将家具搬到三楼

图 1.8　编程的难度
来源:第三条道路,和机器共舞(Third Way, Dancing with Robots),http://content.thirdway.org/publications/714/Dancing-With-Robots.pdf

如果仔细分析图1.9中呈现的美国自1960年以来增加和缩减了的工作种类的话,我们就可以发现自动化的影响。

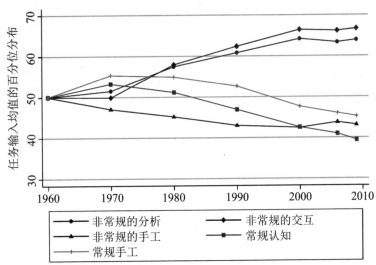

图 1.9　工人的任务

来源：D·奥特尔《美国劳动力市场中的劳动任务成分的变化：奥特尔、莱维和默南基于 2003 年的最新发现》，麻省理工学院（2013），pdf: http://economics.mit.edu/files/9758

　　常规（routine）任务中，无论是手工（或者流水线）方面的还是认知（文书工作）方面的，自动化的情况一直在增加，由此对相关技能的需求在下降。非常规的（non-routine）手工任务中，诸如管道作业，也在减少，但只能减少到这个程度，因为我们的家庭一直需要进行管道修理。然而，因为增强现实技术（augmented reality）的发展，管道作业的自动化问题可能再次引发思考，因为居于世界他处的管道工可以指导房主（或者通过触觉手套）完成任务。

　　那么我们应该把什么技能教给学生？答案是：非常规的、交互技术（诸如咨询）和非常规的分析技术（诸如工程设计和医疗手术）——

对它们的需求在将来会一直存在。①

但是存在另一个层面的细节问题。许多技能也可以被远程操作,随着世界的联系越来越密切,世界也就变得越来越小。如果这些技能可以通过低价高质的远程提供,它们的本地需求量将随之降低。从广义上来说,可以远程、非个人化和电子化完成的工作任务更容易离岸设置(offshore)。②

将这两种见解综合在一起,我们就可看到一幅未来图景。两种主要的力量决定了未来所需要的工作种类——主要的工作任务是否需要交互(它制约了离岸的可能性)或者工作任务是否非常规(它制约了自动化)。图1.10描述了这些力量及其对不同工作种类的影响。

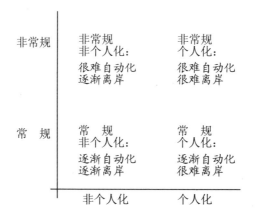

图 1.10 常规和非常规的工作

来源:课程重构中心(横轴为布莱德的研究数据,纵轴为奥托尔、莱维和默南的研究数据)

---

① David Autor and Brendan Price, "The Changing Task Composition of the US Labor Market: An Update of Autor, Levy, and Murnane (2003)," June 21, 2013, pdf: http://economics.mit.edu/files/9758.

② Alan S. Blinder, "How Many U.S. Jobs Might Be Offshorable?" Princeton University CEPS Working Paper No. 142, March 2007.

通常来讲，这意味着为工作作准备的教育需要重新定位，从常规的、非个人化的工作向更复杂的、更个人化的、创造性的、只有人类才能够做好的工作任务转变。如此，技术发展拉高对程序员及其他科学与技术专家需求量的同时，对擅长创造性和交互工作任务的人才的需求也会增加。这些工作任务自动化或者离岸的困难最大。正如计算机成功地承担常规工作，但人类不是被计算机取代，而是经常利用计算机作为辅助工具提高产品质量，提交最满意的工作答案。

随着我们学会了编写程序，让计算机处理大量数据、高效地进行复杂的认知决策和进行创新性设计，上述的"通常来讲"本身也是可以改变的。① 为了教给学生与未来世界相关联的素养和帮助学生在未来取得成功，我们必须意识到未来的工作将继续发生改变（更多内容详见第三章"知识维度"）。

技术和教育之间的赛跑

> 文明是教育和灾难之间的角逐。
> ——H·G·威尔斯

随着技术的发展，教育有效利用技术的必要性也随之增加，且教育必须适应，与之并驾齐驱。如此，技术和教育方在同一个跑道上。（见图 1.11）②

---

① 诸如创新性的音乐任务，参见：http://artsites.ucsc.edu/faculty/cope/experiments.htm.
② C. D. Goldin and L. F Katz, *The Race between Education and Technology* (Cambridge, MA: Harvard University Press, 2009).

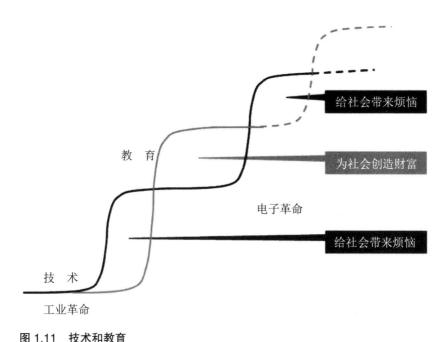

图 1.11 技术和教育
来源：课程重构中心（受《技术和教育之间的赛跑》启发）

当教育落后于技术发展的时候，人们难以胜任工作，所完成的工作也很可能达不到其应有的较高质量。另外，那些有途径获得额外教育的人有更多的机会获得晋升，而那些没有能力支付优质教育的人几乎没有提升经济地位的机会，因此，经济发展的不平等在所难免，个体和社会都遭受失业、未充分就业、收入差距问题、个人压力和社会不安定带来的烦恼。

雇主和学生对教育体制的现有绩效之满意程度如何？根据全球咨询机构麦肯锡的研究，教育提供者的感知（大部分满意）和顾客，即年轻人和他们的雇主（大部分不满意）之间的分歧非常大（一倍之差)(见图 1.12)。①

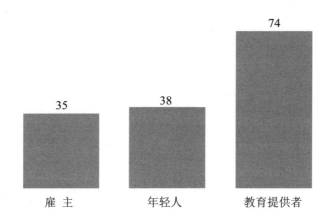

图 1.12　受访者认同毕业生/新员工工作好充分准备的百分比

来源：麦肯锡公司《为就业的教育：为欧洲年轻人作好入职准备》，2014 年 1 月，www.mckinsey.com/insights/social_sector/converting_education_to_employment_in_europe

那么，既然计算机系统已经完全胜任常规的和非个人化的工作，学生应该学习什么课程？在可以依托网络找到任何问题答案的世界里，背诵大量的内容还有必要吗？

这些问题有很多合理的答案，它们在内容上惊人的相似。这些答案均强调要教授更多的知识，而非强调要学习更多相关的知识；这些答案也忽视采用新的和不同的方法应用知识，它们更不强调学习的其他三个维度：技能、性格品质和元学习策略。

---

① 下面是受访者对认同度的回应。雇主说："整体上，我们去年雇佣的新入职员工充分作好了雇佣前的教育/培训准备。"年轻人说："整体而言，我认为我作好了所就业领域初入职的充分准备。"教育提供者说："整体而言，我校的毕业生作好了在所选择研究领域初入职的充分准备。"

第二章
21 世纪的教育目标

教育目标的特点和演化

心理学家亚伯拉罕·马斯洛（Abraham Maslow）用"需求金字塔"清晰地阐述了个体的发展目标（见图 2.1）。

图 2.1 马斯洛的需求金字塔
来源：课程重构中心

金字塔的形状强调低层次的需求对于个体幸福的实现更为基本。如果它们没有得到满足，高层次的需求也不容易得到满足。然而，这并不意味着它们是一种顺序上的关系。所有层次的需求都是当下的、重要的发展性需求，可以同时得到满足。

低层次的需求，例如空气、水、食物和抵御气候灾难的居所，是人的生理需求，没有这些，我们作为生物有机体的生命将无法维系。紧接的需求是安全需求，诸如个人安全、经济保障、健康等。如果个体觉得这些需求没有得到满足，或者存在不确定因素，他们很难关注到高层次的目标。贫穷、缺乏食物和经济保障、有家庭压力感和暴力感的学生就处于这种状态中，他们达到学业要求和高层次需求的困难更大。

接下来是爱和归属的需求。作为社会动物，归属感、提供支持的友谊、积极的家庭氛围和周到且亲密的关系对我们来讲至关重要。其上的需求是尊严，即被他人尊重和重视，对所处情境产生重要影响的贡献感。如果这些需求没有得到满足，个体会感受到不同的心理压力，诸如缺乏自尊、缺乏自信、自卑。像抑郁这样的心理疾病可能阻碍个体满足这些相关层次的需求。

金字塔中最高层次的两个需求是自我实现和自我超越。自我实现指的是，发挥个人的全部潜能——做个体所能做的全部。个体的目标不同，其所显示的状况大相径庭。例如，有的人的自我实现是做一个完美的父亲或者母亲，有的人的自我实现则是完成一幅艺术作品。自我超越是身心完全投入到来自自我的一些更高层次的目标，例如向他人提供服务，或潜心修行。

社会目标

当然，作为个体，我们受到所处社会的深刻影响；作为公民和社区成员，我们有竭尽所能为更广泛的社会目标作出贡献的责任，且培养我们的孩子共同承担这种责任。

另外，随着世界的联系越来越密切，我们必须将我们的社会目标延伸到更普适、更复杂和更大的范围内。同时我们现在需要考虑到我们如何通过面对面和虚拟的方式影响其他人。正如苏格拉底所言"社会是巨化的个体"（society as the soul writ large）①，在全球人类范围内，我们延伸的社会目标可看作是和马斯洛金字塔需求框架中个人目标的普遍发展相类似的。

在更低级的需求层面，我们和我们赖以生存的其他物种的发展都是重要的。我们必须确信我们的食物供应链不会断裂，我们的社会体系不会瓦解，等等。在更高级的需求层面，我们努力实现共同的追求——社会和技术的发展，克服偏见，采集可能是最优化的科学信息和据此采取行动，等等。

也许有人会认为，最高层次的需求是实现全体物种之间及其所构成的每个个体和每个团体之间的关联性和凝聚力，其所奏出的乐章和发出的声音将比单个乐器或声音的集合更宏伟、和谐。

与此相反，人们在传统上经常用经济术语讨论社会目标，总是与发展和财富相关联，用国民生产总值（GDP）进行测量。就其理论构成而言，这种测量也应该涵盖其他指标，反映其他方面的发展，例如，

---

① Plato, *Plato in Twelve Volumes*, Vols. 5 and 6, trans. by Paul Shorey (Cambridge, MA: Harvard University Press, 1969).

人们对社会的贡献状况，国家现有成就的实现方式。然而，即使这样，它依旧有明显的局限性（例如无法直接将公民健康或环境和谐作为重要的因素）。现在我们意识到我们不能局限于容易测量的因素，而要关注个人和社会的成就状况，测量更广泛的指标，例如健康等。

总部设在巴黎的经合组织构建了"更好生活计划"（Better Life Initiative）项目。① 它是一个网络工具，鼓励人们优先关注11个相关主题，构建自己的幸福指数。这11个相关主题是：社区、教育、环境、市民活动、健康、居所、收入、工作、生活满意度、安全、工作—学习的平衡。

联合国创建了"可持续发展目标"（Sustainable Development Goals）（见图2.2），用可测量的收入界定17个领域的2030年发展规划（更多内容参见其网站）。②

类似的测算指数还有"社会进步指数"（The Social Progress Index）（见图2.3）。它测算国家在三个方面的表现：人类的基本需求（营养和医疗关怀、水和卫生、居所和个人安全），幸福的基础（获取基础知识、获取信息和展开交流、健康和幸福、生态可持续性），机会（个人权利、个人自由和选择、容忍和包容、接受高等教育）。③

---

① Better Life Initiative, www.oecdbetterlifeindex.org.
② United Nations, "Sustainable Development Goals," https://sustainabledevelopment.un.org/topics.
③ Social Progress Index, http://www.socialprogressimperative.org/data/spi/definitions.

图 2.2 可持续发展目标
来源：@theglobalgoals (Instagram)

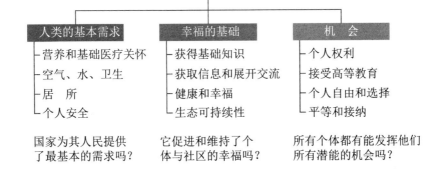

图 2.3 社会进步指数
来源："社会进步势在必行"组织（Social Progressive Imperative），http://bit.ly/1QkdEYz

另外,"优态国家指数"(The Good Country Index)测算国家在七个方面的全球贡献状况。[1] 还有一些将幸福作为社会成功的独特指数进行测量。[2] 这些对我们社会健康和幸福的测量都提出了一个共同的问题:

我们将如何学会不仅为经济发展,也为社会进步和整体幸福而奋斗?

21世纪的决策者和学生需要学会用更加创新和复杂的方法回答这个问题。

那么,这些教育目标是定位于个体层面还是社会层面?这其实是个虚假的二分法。想想前面分析的技术和教育之间的动态赛跑吧。当教育落后于技术的时候,消极后果比比皆是,诸如个体无法满足劳动力的需求,社会和个体都深受其害,收入不平等,生产力丧失,社会不稳定因素增加。个体的目标和社会的目标紧密相连,反之亦然。理想的情况是,每个社会(和地球村)中的所有个体,其所有需求,诸如生理、安全、归属、尊严、自我实现和自我超越,都能够得到满足。社会自身也努力实现自己的需求,与个体需求的满足相互促进。实际上,这种理想的状况是社会教育(education in society)的首要目标。

---

[1] Science and technology, culture, international peace and security, world order, planet and climate, prosperity and equality, and health and well-being. www.goodcountry.org/overall.

[2] 例如,不丹国民幸福指数(Bhutan's Gross National Happiness Index),www.gnhc.gov.bt/ and the Happy Planet Index: www.happyplanetindex.org.

教育目标

正规教育如何关照个体目标和社会目标？正规的 K-12 教育体制提供了四类共同的教育服务，均与社会公民的价值和利益相关。

1. 儿童关爱

不是要求每个家庭单独提供资源照料儿童，而是教育以集体的方式承担这个任务，为家庭提供儿童的日常照料服务。

2. 社会化

在和他人的交往中，学生通过各种各样自我管理的社交互动方式，掌握基本的社会技能。对这些关系的体验为学习更复杂的社会—情感技能和性格品质打下基础。

3. 认证和评估

正规教育体制的正式封印是向他人表明某人已成功地完成了某一阶段相应的学习任务，为鉴定某人所学习的核心知识水平提供标准等级并进行质量控制。

4. 教育目标、标准和课程

包括共同的规范的知识、技能和其他素养的体系，以及规划学习它们的方法。这两大块的设计都意在为学生提供对相应课程和必要技能的基础性理解，建构共同的教育基础。具体而言，基础性的理解转而将帮助学生获得成功，将社会与共享的理解和知识结合起来。所有这些对于个体的自我实现和社会的蓬勃发展均非常必要。

最后一项——教育目标、标准和课程——是我们的研究重点，也是本书的重点内容。为了使教育有效实现个体和社会的需求与目标，教育原则和实践的核心标准必须与个体发展、社会挑战、本土和全球劳动力的变化需求相一致。

对于个体而言，教育对他们的培育必须涵盖马斯洛金字塔结构中的各个方面，提供安全、社会联系和受保护的实验过程，允许他们在社会和世界中探究他们的热情所在和寻求更大的角色担当。

对于社会而言，学生必须通过学习有用的知识、技能、性格品质和元学习策略为满足世界需求作好准备。在21世纪，这些社会需求变化非常迅速。例如，我们不再去保证每个人都可以观赏三个频道的电视节目，因为现在有海量的不断膨胀的网络内容通过社交媒体传播。另外，全世界的学生，虽然他们素未谋面，却在分享共同的语言文化基因、观点和知识。标准和课程的工作在于逐渐培养人们选择有深度的内容和对其作智慧处理的素养。我们必须改组教育目标、标准和课程，使之反映知识的变化及其在真实世界中的动态转换。

然而，经常的情况是，认证和标准化测试的需要与变化的教育目标、标准和课程形成张力。认证在极大的程度上是对不同领域、科目、学历和机构提供的教育质量的价值评判，发挥着巨大的作用。父母和学生不再对每个教育机构的各个方面进行个别化思考，而是依赖认证体系的质量控制。品牌名称成为质量的简要表征（特别是在高等教育阶段）和快速判断所有信息的标准。对此父母和学生真的需要吸收和消化，以便作出恰当的教育决定。

这可以产生两个重要影响。

其一，认证标准和标准化测试不可避免地成为学业表现的外在核心标准和学生的筛选机制，它与掌握学习的个人目标背道而驰。如果学生必须接受外在的标准评判，其评判结果必然影响他们未来的发展机会，那么标准化测试和认证就强化了外在动机，削弱了学习的内在动机。

其二，认证因素能够强调教育机构的市场功能，诸如学院和大学着力建构清晰的目标，吸引支付学费的申请者（直接或者通过学生借贷）和在未来职业生涯中可能进行慷慨捐赠的申请者。教育聚焦于经济，学生成为雇主，教育机构成为企业，从而加强了教育体制的社会目标，将教育动力从个人学习素养的掌握向外在目标（第六章"元学习维度"将对此展开论述）转移，向学生之间及教育机构之间的竞争转移。

教育在演化吗？

虽然世界以前所未有的速度变化，教育的改变却一直缓慢。图2.4是学校所教主要科目从古至今的演化。

整体而言，高层次的数学和科学等新科目增加了，某些特定科目，诸如修辞，被放弃了，值得注意的是核心知识课程保持不变。

教育目标、标准和课程变化的主要障碍之一是历史的惯性。即使我们再次醒悟到许多素养的重要性超越了基础知识和技能，我们也很难在内容密集的现有课程体系中有效地插入新的课程和技能。在这些限制之下，雄心壮志的创新几乎无从施展。在大部分的情况下，新目标和新内容被附加到已经过于膨胀的课程之中，但是学生忙于应付标准化测试，相对很少的教育者能够持续花费时间对新目标和已有课程进行整合。

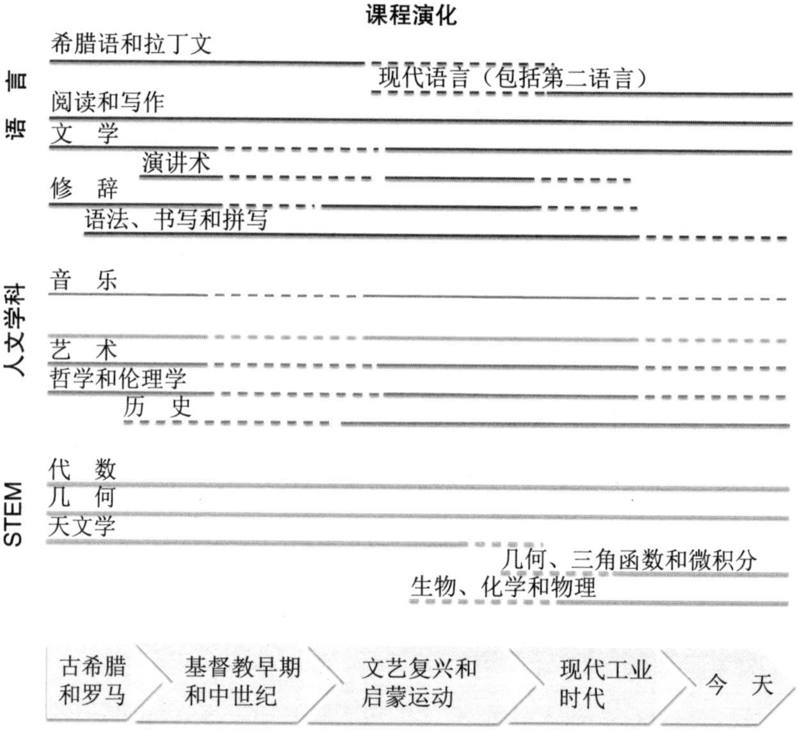

课程演化

```
语言
    希腊语和拉丁文
                        现代语言（包括第二语言）
    阅读和写作
    文　学
            演讲术
    修　辞
        语法、书写和拼写

人文学科
    音　乐
    艺　术
    哲学和伦理学
        历　史

STEM
    代　数
    几　何
    天文学
                    几何、三角函数和微积分
                生物、化学和物理
```

古希腊和罗马 → 基督教早期和中世纪 → 文艺复兴和启蒙运动 → 现代工业时代 → 今天

图 2.4　学校课程的时代变化
来源：课程重构中心 (2013)

那么，这种历史惯性的机制是什么？

在政策层面，大部分国家，由于领导者每隔几年的选举和更替，必须应对教育内在的动荡性。人事的经常性变动（工作人员和管理层）和平衡选民、父母、工会和商业集团等竞争性利益的政治压力使得政治人物难以持续对大规模发展趋势进行反思、规划长远目标、承担风险或者欣然接受变化和创新。

首先，在人类专业知识和权威层面，课程内容专家常常拥有决策权。这些专家的观点在某些可预期的方面并不全面，甚至有失偏颇。首先，专家觉得有义务支持早期的标准，因为他们有的就是制定和推动这些标准的成员。由于忠实于他们的研究领域，他们也发现打破自己领域知识的整体性是非常困难的，即使某些部分的知识已经过时或者作用不大了。打个比方来说，这大有"情人眼里出西施"的味道。

其次，对于专家来说，他们也很难在传统的知识领域增加新的科目。例如，在应用数学的许多领域，算法和博弈论是当下发展中的两个相关主题，但是传统取向的数学专家在数学课程改革中并不经常尝试着将它们纳入课程之中。另外，专家的学术水平经常使他们的做法脱离真实世界的要求，有时候没有意识到他们的学科正在以某种方式被应用到非学术的专业情境中。

最后，这些课程内容专家过于强调本学科其他国家的专家获得的相应课程评价，他们试图进行调整和模仿，倾向于群体思维，很难有高度创新性的能力表现。

课程重构中心教育目标的成功实施取决于引发这些挑战的两个关键要素。在政策层面，我们需要在政治派别中建立稳定的共识，清晰地阐明学生现在需要的教育图景。在学科专家层面，有必要让真实世界的课程使用者和具有改革思维的专业人士持续参与。

我们需要利用来自全世界教育体制（和应用企业）的最佳实践。我们还需要谨慎地再度审视教学内容的相关性，对传统课程去粗取精，增加相关的现代课程，强调整体的学习——不仅是知识，还有技能、个性和元学习。最后，我们还需要鼓励创新，放弃现有体制的舒适感，在不确定的条件下展开工作，取得更好的成效。

21世纪课程的关键特征

如果我们教今天学生的方法和教过去学生的方法一样，那我们就剥夺了他们的明天。

——约翰·杜威

适应性

在自然界中,适者生存,劣者淘汰。这是自然选择的核心原则。

然而,物种如何在大自然中通过发展适应能力来适应变化的问题却很少被讨论。大山雀的寿命很短,但即使环境发生巨大的变化,它作为物种长期存在的可能性还是非常高的。这些鸟行为灵活,能基于它们周围的环境选择最佳的时机产卵。作为一个物种,它们演化的速度非常快,在集体的层面上与环境变化同步。①

我们人类不仅生存下来了,而且因为不可思议的适应性而不断进化,在若干方面达到了人类智力发展的最佳水平。我们开发了工具,对工具进行改造升级,通过种植和改种最有用的植物的种子控制我们的食物,然后在世界各地传播这些成就。我们学会了批量生产,建立有组织的工作和自我管理的系统,编制了信息和通信的全球网络。我们的技术突破使我们可以在世界各地定居,克服历史上对我们的祖先来说足以致命的遗传差异。我们能够取得这些成就是因为我们大脑体积的增长,而且大脑也在被我们周围的环境不断重塑。其他动物生而具有许多能力,诸如行走,人类却在相当长的发展时期里软弱无助。但是因为人类的大脑适应了环境向他们提出的任何要求,确保了人类对环境和文化的最优进化。变异性是在变化的世界中生存的关键;对

---

① Oscar Vedder, Sandra Bouwhuis, and Ben C. Sheldon, "Quantitative Assessment of the Importance of Phenotypic Plasticity in Adaptation to Climate Change in Wild Bird Populations," *PLoS Biology* 11, no. 7 (2013), doi: 10.1371/journal.pbio.1001605.

于物种来说如此，故对于课程来说也是如此。换言之，变革是理解我们人类和我们人类素养发展的共同基础。

如果课程不具有适应性，它将僵化。没有什么东西像课程那样完美到不需要更新，因为世界在不断改变，最优课程的目标也应随之改变。这种改变的速度视课程的不同而不同。例如，相关的程序语言每隔两年就要变化，但是古代哲学却大致不变。这并不是说课程应该成为时尚的牺牲品，而是应该有内在的机制使课程与现代发现和新的突破同步。

课程适应性的另一个方面是它出现在教室之外、出现在电脑屏幕上以及世界各地的可能性。对于一些重要的学习目标而言，教室并不是最佳的学习环境，现在在教室围墙之外开展有深度而丰富的学习的机会很多。这些非正规的学习机会包括范围广泛的课后项目（例如俱乐部和童子军活动）、博物馆、虚拟野外旅行、网络学习项目、电子微认证（digital micro-certification）和学习徽章（learning badges）、实习制、学徒制、社区服务学习，等等，不胜枚举。

真正适应性强的 21 世纪课程的改革是无止境的，原因有两个。

首先，人类的知识基础持续发展和改变，课程必须随之改变以保持其先进性。本书本身就是适应性强的活教材，它将随着我们对世界变化和需求的持续了解而修改和更新，以找到教育实现个体和集体目标的最佳方法。

其次，保留课程的可适应部分，使其满足每个个体的需求、兴趣和个人发展目标，这是非常重要的。事实表明，个人对自我学习的控制是激发动机、改善学习结果和发展执行功能的关键[1],且其本身就是重要的终身学习策略。有效的课程向学习者提供不同知识体系入门的坚固基础。它强调核心概念、过程、方法和工具,也强调知识的学习者及其应用者的相关实践、认知和情感特征。如此,学习者就具备了选择自己的学习领域和终其一生持续调整自己职业选择的能力。

用这种方法,学习将持续一生,学习者自上而下被规定的学习材料越来越少,自我管理和选择的学习材料越来越多。图2.5呈现了人从儿童到成年期间受正规教育时间的变化模型。[2] 通过跟踪学生自入学起的这种变化,课程提供早期学习文件袋,当不再需要时再移除相关内容,使学生从正规教育毕业之后也能够根据自己的兴趣继续学习。

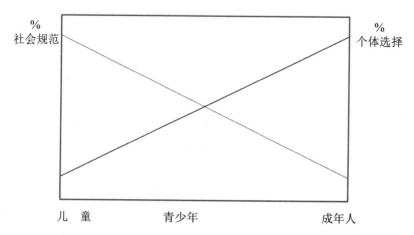

图 2.5 教学时间控制的发展性变化
来源:课程重构中心

---

[1] J. E. Barker et al., "Less-Structured Time In Children's Daily Lives Predicts Self-Directed Executive Functioning," *Frontiers in Psychology* 5 (2014).
[2] 没有包括学生启动的活动,诸如玩。这些活动是非常重要的。

平　衡

当我们试图理解教育需求的复杂体系、教育现状的多样视角以及与学习相关的无数理论和实践的时候，它们经常成为错误二分法思维的牺牲品。例如，"哪个更好？"——教知识还是教技能？教育应该着力于人文学科还是科学、技术、工程和数学（STEM）？学校应该发展性格品质还是帮助学生通过重要的高风险测试？

本书坚决摒弃这种虚假的二元分裂论。我们相信，为了使21世纪课程成为真正的整体课程，必须综合和平衡教育的不同目标。下面举几个例子。

1. 现代知识和传统课程

需要增加机器人学、创业学、编程、媒体传播等现代课程，同时，传统的课程，如阅读、数学和语言，依旧作为基础得到保留。我们必须仔细梳理现有的课程，删除过时的部分，增加相关的现代主题和内容。但是这并不意味着完全放弃现有的课程，而是对它们进行重构。

2. 深度和广度

虽然学校的学时有限，但是我们相信课程的深度（特定知识领域的专门知识）和广度（概观和高度把握不同学科领域的知识图景）是非常关键的。当学生深挖某一部分专业知识的时候，我们应该鼓励他们在不同主题之间建立关联。

3. STEM和人文学科

虽然与STEM相关的工作需求量很高，但是多样性一直是应对未来世界不确定性的良好手段。设计完善的人文学科和艺术项目，如果成功实施的话，能够教授在多领域的职业中成功所需的许多技能（批判性思维和创造性等）。艺术教育一直与高度的创造性思维、学习者自我意识的提升和积极进取的学校氛围等具有关联性。[1] 史蒂夫·乔布斯（Steve Jobs）说："技术本身是不够的……技术与艺术和人文学科联姻，方可唱响我们心中的美妙之歌。"

4. 灵魂和肉体

正如古语所言，"有健全的身体才有健全的精神"。营养健康、锻炼、良好的睡眠习惯、放松和心智觉知、运动和竞技等，对学习、动机和自我发展均有正面的影响。因为我们的灵魂与身体具有错综复杂的关系，感受它们之间的反馈回路和进行关系平衡是非常重要的。

5. 知识、技能、性格和元学习

传统上，学校课程一直关注内容知识的学习，但是来自多领域的大量研究表明，学生有必要在内容知识和技能、性格品质、元学习策略这三者之间保持平衡的关系，因为技能可将内容知识应用到真实的世界中，性格品质可形成动机、顺应力（resilience）和社会/情绪智商，元学习策略有助于学习者成为善于反思的、自我指导的、专家式的学习者。

6. 结果和过程

经常出现的情况是，教育的学业成就过于强调教育经验的结果，而不是导向该结果的过程。对于学生来说，尤其是因为过程通常很困难和不顺利，奖励结果极可能削弱了他们的内在动机（或者发展的心态、掌握的心态和学习的心态）。而通常作出的调整是走向另一个极端，即完全关注过程而忽视结果（常见的是完全不评分，完全没有学习期望），由此导致学生无法达到社会的期望（如进入大学），失去了

---

[1] J. Burton, R. Horowitz, and H. Abeles, "Learning In and Through the Arts: Curriculum Implications," in *Champions of Change: The Impact of the Arts on Learning*, The Arts Education Partnership, 1999, 35–46, http://files.eric.ed.gov/fulltext/ED435581.pdf.

进一步发展的基础。事实是，结果和过程均是学习过程的重要部分，两者都应该得到鼓励，认识到这一点是非常重要的。

7. 个人和社会的目的与需求

这个问题很吸引人：是为个人的最佳利益，还是为社区/社会的最佳利益？然而，正如上面所言，没有必要进行顾此失彼的选择。个体的目标和社会的目标通常是以相互促进的方式形成彼此协调的关系。理想的状态是，工作既可以充分发挥人们的才能，又和他们的兴趣相一致，同时还有助于世界的进步。

8. 全球和本土视野

虽然我们为了形成整体的课程架构而聚焦全球视野，但是我们有目的地为每个本土社区确定自我的发展视野预留了灵活的空间。我们希望每个人都可以从共同目标的阐述中获得启迪和利益，同时又不以制造混乱的方式干涉本土价值和理解。理想的情况是，全球和本土视野的工作共同建构合作的成果，它比各自从上至下的全球视野和从下至上的本土视野更具优越性。由此构成的合作成果可作为指导性的文件，赋予全球和本土的每个个体和国家发展的能量。

9. 深度内化和灵活性

为了形成有效的框架，课程必须进行深度内化和重构现有的标准。然而，必须避免形成固化而静止的新模式。必须内化的部分包括我们的观念，即我们必须持续改变以适应世界的变化和我们的理解。

10. 社会进步的理想和对本土标准的尊重

我们描述了可被广泛应用到全世界的社会进步指标体系。从大的方面来说，这些指标涉及每个人具有充足的食物和水，每个个体都鼓励社区和平，大家都过着可持续的生活。这些指标毫无疑问具有全球适用性。然而，我们必须谨慎，不要在细节的精细层面设定过多的条条框框。例如，不要认为个人独断或成就一直是值得追求的积极品质，它并不总是正确的——情境和文化是考虑社会理想时的重要因素。我们相信社会进步理想的全球相关性，我们也相信尊重地方标准的重要性，相信全球理想和本土标准是和谐一致的。

教育如何能实现上述所有目标，保持它们之间的平衡，支持综合的、全人的学习取向，由此使每个学生作好准备，满足21世纪的要求？首要的第一步是建构一个更加综合与一致的学习目标和素养框架。

教育目标的整体框架

> 如果你不知道你的方向，你的速度就毫无意义。
> ——意大利谚语

为什么要建立一个新的教育框架？

世界教育体制和改革存在的极大困惑是用什么措辞和概念来作为共同语言的问题。例如，在加拿大魁北克，素养分为关键/跨学科素养、课程绑定（subject-bound）素养和终身学习素养。在危地马拉，素养分为框架素养、领域素养、主题/线索素养和阶段素养。在印度尼西亚，素养标准分为两个领域——整合素养（cross-cutting competencies）和课程绑定素养（subject-bound competencies）它们均可进一步划分为标准素养（更具有普遍性）和基础素养（课程绑定之标准素养例举和说明）。

根据联合国教科文组织的研究[①]："优质的教育体制必须使学习者持续改变素养，同时获得甚至发展新的素养。这些素养是多样化的，包括核心技能、内容知识、认知技能、软技能、操作技能等，使我们在某个特定情境中能够满足复杂的要求，成功和有效地完成复杂的活动或任务。素养的类型、取向与对其作出界定的实体——国家、组织和个体，一样多样化。"

虽然人们对所需要的素养类型达成了越来越多的共识，但是对它们的构想和有组织的规划还是多种多样的（见表2.1）。

表2.1 核心素养

英国/爱尔兰	挪威	苏格兰	澳大利亚	新西兰
技能： ·交流 ·个人和人际技能 ·管理信息	追求5种基本技能： ·表达自我 ·用文字表达自我 ·使用电子工具 ·阅读 ·发展计算能力	追求4种主要能力： ·成功的学习者 ·自信的个体 ·负责任的公民 ·有效的贡献者	10种能力： ·阅读素养 ·思考技能 ·创造性 ·自我管理 ·团队合作 ·知识的理解 ·有道德行为 ·社会素养 ·计算能力 ·信息和通信技术（information and communication technology, ICT）	5种关键素养： ·使用语言、符号和文本 ·自我管理 ·建立关系 ·参与和贡献 ·思考

---

① UNESCO, www.unesco.org/new/en/education/themes/strengthening-education-systems/quality-framework/desiredoutcomes/competencies.

印度尼西亚	新加坡	纳米比亚	南 非
国家测试将关注： ·智　力 ·知　识 ·人　格 ·高尚的品格 ·独立生活的能力 ·继续学习的能力	核心技能和价值： ·交流技能 ·性格发展 ·自我管理技能 ·社会与合作技能 ·思考技能以及创造性 ·阅读素养和计算素养 ·信息技能 ·知识应用技能	·学会学习 ·个人技能 ·社会技能 ·认知技能 ·交流技能 ·计算技能 ·信息和通信技术技能	·发现和解决问题 ·和他人有效合作 ·收集、分析、组织和批判性地评价信息 ·有效交流 ·有效应用科学和技术 ·理解作为关系体系的世界 ·充分的个人发展（更有效学习的反思和探究策略，负责任的公民，文化和道德意识，以职业和企业机会为导向的教育）

来源：联合国教科文组织，www.unesco.org/new/en/education/themes/strengthening-education-systems/qualityframework/technical-notes/examples-of-countries-definitions-of-competencies/

认知科学研究和教育研究具有广泛的相似性，虽然不同流派所用的术语不同。在研究成果的教育应用方面，在精确和清晰之间存在张力。当专家记录他们的发现时，他们的目标尽可能精确。他们对每个概念的假设进行测试和修正，架构更细节化的模型对教育素养进行深度理解，如批判性思考、创造性、心智觉知，等等。极度细节化的模型对于精细化的研究问题是非常重要的，然而，它们很难在教学和学习中给予人们可操作性的和日常的决策启示。

本文建构教育目标框架的意图是综合现有研究和最佳实践，同时极为重视精确性、清晰性和有益性，平衡所有最重要的发现而又不受制于细节。① 我们的目的在于向经验取经，设计易于理解和执行的 21 世纪教育目标。由此，教育者和研究者可具备一个更好的框架，以备前者将来对教育体制进行必要的和长期的重构和转换，后者提出更相关和更准确的问题。这样的话，可使我们的教育决策尽可能与时俱进和明智。

这个框架在两个方面与食物金字塔（见图 2.6）的演化类似。

首先，我们在为所有学生设计更广层面的健康的学习"饮食"。当然，每个学生的日常学习营养必须依据其年龄、兴趣、文化、价值观等进行调整。我们不是在规定特定的活动，正如食物金字塔不提供特定的菜谱，只提供每类食物群，如蔬菜、谷物和水果的特定用量。

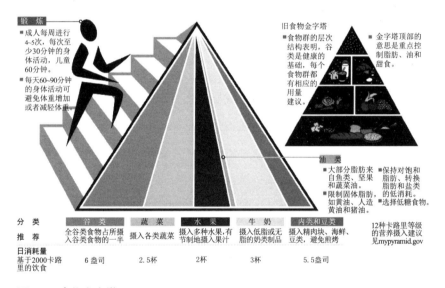

图 2.6　食物金字塔
来源：华盛顿邮报集团

对教育而言，食物金字塔可转换为课程框架中每类学习的特定成

---

① 见附录中术语部分后的讨论。

分。其次，和食物金字塔一样，课程框架将基于最佳学习方法和最需要学习内容的变化信息而进行调整。

我们理论的改变

在某个特定学校或教室中，影响学习质量的教育体制方面的因素很多：社会—经济地位、学校文化、专业发展、教师质量、来自标准测试的压力，等等，举不胜举。在每个因素上，都有许多试图提高教学和学习结果的相关改革，所采取的方法和取得的效果大相径庭。在此我们提出的问题是：既然我们知悉了儿童的学习方法，了解了个体和社会取得成功和健康发展的要素，那么，学生应该学习什么内容？我们应该向儿童提供什么课程？

许多教师的教学已经在朝着我们设定的目标努力，还有许多教师坚持既有做法。我们的希望是建构一个框架，它可以作为深度讨论教育设计目标和如何达到这些目标的基础。评价驱动教育改革，我们相信教学与评价并轨的重要性，这样的话，教育者可以在支持和奖励基于应学课程框架（见本书结尾处的"关于课程重构中心"与"课程重构中心的评价研究联盟"）的深度学习环境中展开教学。

评论本框架的教育者有时候会问："为什么你们没有考虑各种不同表现形式的学困者，如低社会—经济地位、学习差异，等等？"

我们相信这是非常重要的问题，但我们也相信，无论学困者处于个体学习需要范围的什么位置，都有许多方法去适应和调整他们每个个体的学习实践。课程重构中心心怀所有的学生，通过与具有影响力的利益相关者（如经合组织）合作，在系统的层面促进变化，创造一个有活力、全面的和适应性强的框架。

通过这个教育目标框架，我们可影响对教育标准的探讨，以及标准如何为深度重构评价创造条件，使评价更具整体性和相关性。当评价反映了重要学习内容的新观点时，就有必要重构课程，使其与新的评价取向相一致，同时，作好教育者帮助学生学习新课程内容的准备，使课程改革也与教师专业发展相一致。

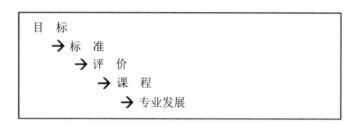

图2.7　管理重点的变化顺序
来源：课程重构中心

当然，模型中有各层面之间的反馈回路。教育是个巨大而复杂的体系，由此我们需要退后一步，以宏观的视野有目的地回顾我们应对既往教育挑战的方法。

教育的进步将是缓慢的。当我们修复房屋的时候，逐个修缮和随之变换居住点是上上策。当我们改革如教育体制这么复杂的巨大实体时，我们必须明白它不可能一蹴而就。改革什么（标准和评价）和如何改革（课程和专业发展）均需要时间。

当前，课程重构中心聚焦于修复前两个"房间"——标准和评价。为了最终影响各个层面的变化，我们才着力于此；正如俗语所言，"种瓜得瓜，种豆得豆"（what gets counted ends up counting），至于课程和专业发展取得何种程度的特定进步，它们如何与教育目标、标准和评价保持同步，且对每个教育体制的特定模式、需求和价值观进行最佳匹配，都取决于各个国家及其教育立法机构。[1]

除了标准、评价、课程和专业发展这四个领域，在许多教育立法机构中，有一个悄无声息的影响因素并没有受到很大的冲击，即大学入学要求。这些要求，和入学考试一样，大多属于传统的知识视野，用于保证学生的能力足以在大学课程中取得成功。它们很少（即使有的话）反映学生的技能、性格和元学习能力，无法预言学术之外的生活成功。这些课程经常偏颇地理解学校体制的要求，例如，在确定几何课程深度和内容方面无视它们的应用价值，没有意识到该课程已然演化为将不勤奋者淘汰出局的筛选机制（proxy to tenacity）。[2] 随着人们对这种现象的认识和理解，一些教育立法机构，例如不列颠哥伦比亚省[3]正尝试说服高等教育深度思考其入学要求。现在尚需进行更多的研究、分析、关注和创新性解决问题，以理解高等教育如何公平筛选申请者，诸如评价全面发展的个体，且更为关键的是，不阻碍教育标准和评价体系的现有进步。

课程重构中心的方法

作为独立、中立的国际组织，课程重构中心采用基于证据和基于

---

[1] 课程重构中心并不推荐单个的观点，但确实鼓励改革者全面理解其改革视角，全面理解包含其他改革者视角的更宏观的整体图景。

[2] D. Silver, M. Saunders, and E. Zarate, *What Factors Predict High School Graduation in the Los Angeles Unified School District* (Santa Barbara, CA: California Dropout Research Project, UCLA, 2008); also see C. Adelman, *The Toolbox Revisited: Paths to Degree Completion from High School Through College* (Washington, DC: U.S. Department of Education, 2006).

[3] Global Education Leader's Partnership, http://gelponline.org/gelp-community/jurisdictions/british-columbia.

研究的方法发展和修正其研究框架。这种方法包括清晰且交互的三方面工作：综合、分析和组织（见图 2.8）。

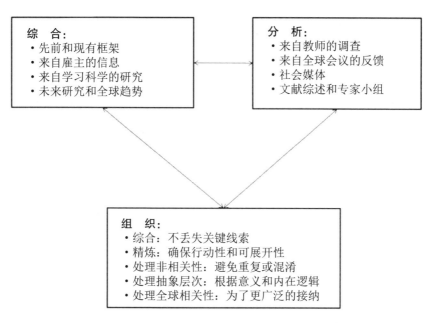

图 2.8　课程重构中心的方法
来源：课程重构中心

综　合

　　课程重构中心意识到，人们已经做了大量的工作，发现了教育改革的可行性领域。为了不白费力气地做重复工作，课程重构中心采用元综合（meta-synthesis）的方法，分析了来自教育立法机构和国家团体（如教育部）、专业团体（如数学教师国家理事会）和组织（如P21）等部门的现有框架。我们也分析了雇主的需求（诸如IBM对来自60个国家和33家企业的1500名CEO的研究）。课程重构中心也确信其现有概念来自对学习科学研究成果的密切关注和综合，与全球趋势和未来研究保持一致。

分 析

课程重构中心认为，在建构有助于彼此目标实现的框架中与相关团体合作是非常重要的。为了达到此目标，我们收集了来自世界各地的600多位教师的反馈，就框架中讨论的事项（数学、性格、元认知和就业能力）召开国际会议和进行对话。课程重构中心还将通过社交媒体收集父母和学生对所受教育之期待方面的信息。最后，课程重构中心进行了特定的文献评阅，博采了全球思想领导者和合作组织（如经合组织）的专家观点。

组 织

由于课程重构中心吸纳了如此多的资源，因此最后的成果具有准确性和可行性是至关重要的。课程重构中心从以下五个方面着手来达成这一目标。

1. 综合

它的特点是最具自明性（self-explanatory）。为人们所希望实现的子教育目标（例如技能）而构建一个框架是不够的。有太多的教育项目试图改革教育的某一个方面，教育也饱受这些项目的膨胀之苦。没有什么方法是灵丹妙药，人们需要将教育看作一个体系，进行谨慎/整体的思量。更进一步讲，一次仅关注一个方面，讨论将变得两极化，有可能强制人们在现有教育体制的方方面面之间进行选择。不落下任何重要的观点是非常关键的，这样的话，用其他框架思考相似概念的人能够明白他们的思考可嵌入到我们的框架中。例如，顺应力（一种性格品质）包括勇气和毅力等。通过建构综合的框架，课程重构中心希望将所有高层次的教育改革观点组织在一起，这样的话，每个人都能够考虑不同的要素是如何相互作用和彼此适应的。

2. 精炼

正如上面所描述的，用一种使结论既有可行动性又不失准确性的方式综合既有的研究，是一件非常困难的任务。实事求是地讲，试图囊括研究文献中所有细微差别的框架是很难展开的。来自心理学的米勒定律（Miller's law）表明，人们的工作记忆容量是7（±2）个单位（items），但是他们可以将单位形成组块，由此在保持7±2最大记忆容量不变的情况下，用层级结构的方式记住更多的内容。在此，我们的框架由四种类型构成，每种类型至多包括七个部分。这确保了框架足够简练，具有可记忆性和可行动性。

3. 处理非相关性

实际上，教育的许多目标（创造性、乐观和勇气等）具有不同程度的相关性。也就是说，乐观的人相对于不乐观的人而言，更有可能是热情之人。常见的研究情况是，为了理解每个因素的重要性，研究者总是试图将这些因素分解，比如，将最为相关的题目组合成题组，对最不相关的题目（或者不相关，或者反相关）则保持分离状。这种方法的问题是：它们有可能脱离其他部分而存在吗？这种脱离发生的可能性有多频繁？研究表明它们之间的关系了吗？其导致的研究结果是，每个概念就其本身而言是重要的，但它的重要性不是主要体现在其他概念中的，这反而让人无法判断该概念独特的重要性。其实，不同概念有不同的起源和重叠的定义，这才是造成概念之间关系难以明晰的原因，而综合具有澄清的作用。例如，研究一度将元学习分解为独立的维度，这使得"决策"被逐出了批判性思考领域。现在的建议是，人们在决策时应用了他们所有的知识、技能（包括批判性思考）和性格品质。语言学和存在论的完满是虚妄的，因为所有的概念在不同程度上都是相关的。但最终目标是为了使概念形成有用的、可用于日常学习中观点表达的概念群组，以及教育者在教育实践中将概念作为有用的学习条目。

4. 处理目标的抽象层次

人们自然而然地从许多方面和用许多方法来思考世界。系上鞋带和学会如何学习都是技能，但是抽象的层次不同。再比如，培养学生成为好人是重要的教育目标，教会他们做数学加法也是重要的教育目标。在我们这个框架中，我们根据目标和概念的抽象程度与重要程度分析它们在教育目标中的合理位置。因此，加法和道德标准属于不同的维度，位于框架的不同层面。根据相关的学术知识概念，低层次的机械技能（例如乘法），属于亚类（subcategories），而道德标准则位于性格品质类型中的较高层次。用这种方法，框架成为明确的讨论基础，考虑了教育组成成分中许多相关变量的复杂性。

5. 处理全球相关性

随着世界的连接性不断增强，有意识地觉察到文化差异和深层次人类目标及其关联性变得更加重要。课程重构中心试图建立足够广泛和深刻的，摆脱文化从属（culture-dependent）的框架，为有效的跨文化交流提供一个共同的理解基础。这里所讨论的观点和参与架构未来的全球的每个个体相关。这样的话，所有的国家均可应用这个框架，同时根据其价值观和需求进行个性化修正。

课程重构中心的框架将其自有的研究成果和其他包罗万象、综合互补的目标相互整合，做到最大限度的准确和清晰。它平衡了来自学术研究和可效仿的实践,没有陷入细致分析和无止境的学术争辩中。本框架是对相关领域基础性工作的综合,它表述清晰,设计的教育目标具有新意,为人们参与有意义的教育重构工作提供了共同的基础。在认知科学方面,本框架将需要更多实证性研究的问题变得更为清晰,这样的话,教育者可以尽可能明智地作出教育决策。

课程重构中心的框架是激进的还是递进的?我们更愿意称其为"递进的宏图"(incrementally ambitious)。如果它过于激进,考虑到调整正规教育体制之进程的复杂性,它可能没有机会被采纳;但是如果它过于递进,它将不会对本世纪的相关教育内容和人才培养改革产生影响。打个比方来说,它是"化蛹成蝶"。和毛虫相比,它是蝴蝶(如图2.9)。它们有相同的DNA,但是蝴蝶明显进行了根本性的适应转化——它最终摆脱了毛虫的模样,尽管它还带有毛虫的基本特征。

图2.9 毛虫与蝴蝶
来源:谷歌图库,佚名

超越知识——21世纪的素养框架

人们在传统上认为,课程的主要内容是学生必须学习的内容知识。在现代社会，社会进步使得知识增长的速度越来越快，学生的课程"餐盘"已经盛不下了。E·O·威尔逊（E. O. Wilson）认为："我们淹没在信息的海洋里，寻觅智慧的启迪。主导世界的将是那些综合者，他们在正确的时候组合正确的信息，批判地思考它，理智地作出决策。"①

知识是绝对必需的，但是我们必须反思每个科目领域中知识的相关性，调整课程，突出传统和现代科目中优先的学习内容。雇佣应届毕业生的雇主和全世界的领导者正在达成的共识是，我们基于知识的课程没有为学生成为当下合格的劳动者作好充分的准备，更不用说为未来的了；他们还认为，学生应该通过实践掌握应用知识的技能。

关于性格品质，非常明显的是，政策制定者已经意识到它们的重要性，开始将其看作正规教育的组成部分，虽然教育者和雇主早就深知其价值。不论传统上人们如何看待进步（经济发展、物质生产力提高等），国家已经开始追踪社会进步的其他指标，监控人们对本土和全球挑战（例如贫穷、暴力、腐败和可持续性）的反应水平。这强调了学生在掌握成功最需要的知识和技能之外，还需要发展和形成正面的性格品质。

为了加深和促进知识、技能和性格品质这三个维度的学习，高度综合的 21 世纪的教育还需要增加第四个重要的维度——元学习（经常被称为学会学习——我们反思和调整学习的内在过程）。将元学习潜在地纳入所有其他维度是不够的——对它的重要性必须进行清晰的阐释，这样的话，我们将得到不断的提醒——将元学习策略并入知识、技能和性格的学习经验中，学会改进自我设定的任何目标。

---

① Edward O. Wilson, *Consilience: The Unity of Knowledge* (New York: Vintage, 1999), 294.

在与经合组织"教育 2030"项目[①]的合作中，我们以列表的方式分析和综合了全球 35 个国家的 32 个框架[②]，发现这些国家普遍认同将这四个维度作为 21 世纪的教育目标。表 2.2 列出了重要框架中的一些共同点，并将其与课程重构中心的框架进行了比较。

[①] 经合组织启动了新的项目"教育 2030：经合组织的核心概念框架"。经合组织倾向于通过开展深入的国际比较课程分析进一步发展能力框架。这个全球框架项目的目标在于支持国家反思课程改革，对学生未来发展的关键和相关能力进行分序排列。

[②] OECD Skills for Innovation, OECD DeSeCo, OECD Social & Emotional Skills, OECD PISA, OECD PIAAC, EU Reference Framework Key Competencies, UNESCO Global Citizenship Education, P21, ATC21S, Asia Society/CCSSO, Hewlett Foundation Deeper Learning Competencies, ACT WorkKeys (WK)–NCRC Plus–CWRC Skills Assessments, CPS Employability Assessment (EA), AAC&U Essential Learning Outcomes (LEAP), CCSSO—Innovation Lab Network (ILN) State Framework, National Work Readiness Credential, CAE College & Work Ready (CWRA) & Collegiate Learning Assessment (CLA), EnGauge, Character Counts! Coalition, CharacterEd.Net, Character Education Partnership, Facing History and Ourselves, KIPP Schools, Center for the Advancement of Ethics and Character, Collaborative for Academic, Social, and Emotional Learning, The Jubilee Center for Character and Virtues, Young Foundation, China Ministry of Education, Singapore Character and Moral Education (CME), South Korea Moral Education, Swedish National Agency for Education, Thailand Philosophy of Sufficiency Economy.

表 2.2 全球框架的共同点

课程重构中心的框架	经合组织的技能	经合组织的素养定义和种类	欧盟的素养参考框架	休利特基金的深度学习	P21 组织	21 世纪技能的评价与教学组织（Assessment and Teaching of 21st Century Skills, ATC21S）
知识	基于科目的技能	交互式使用工具	·外语交流 ·数学、科学和技术素养 ·电子素养 ·创业精神	学术内容	数学、科学、语言——英语、多种语言——世界、历史、政府与公民、经济、地理、艺术；信息素养、媒体素养、信息和通信技术素养、健康素养、环境素养、公民素养、全球意识、金融、经济、商业和创业素养	·信息素养 ·信息和通信技术素养
技能	思考和创造性技能	异质组间的互动	母语交流	·批评性思考和解决复杂问题 ·合 作 ·有效沟通	·创造性 ·批判性思维 ·交 流 ·合 作	·创造性和创新 ·批判性思考、问题解决和决策 ·交 流 ·合作（团队工作）

续 表

课程重构中心的框架	经合组织的技能	经合组织的素养定义和遴选	欧盟的参考框架	休利特基金的深度学习	P21组织	21世纪技能的评价与教学组织（Assessment and Teaching of 21st Century Skills, ATC21S）
性 格	·行为和社会技能 ·社会和情感技能	自主行动	·社会和公民能力 ·主动精神 ·文化意识和表达	学术思维	·灵活性和适应力 ·主动性和自我导向 ·社会和跨文化技能 ·工作能力和责任心 ·领导和责任	·生活和职业 ·公民—全球和本土 ·文化意识和素养 ·个人和社会责任
元学习	—	反 思	学会学习	学会学习	批判性反思	·学会学习 ·元认知

来源：课程重构中心

图 2.10 是课程重构中心完整框架的直观呈现，它展示了四个维度之间的彼此互动。后续章节将呈现此框架的细节，并作出进一步的解释。

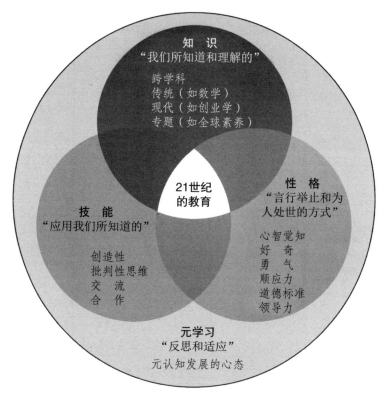

图 2.10　课程重构中心框架
来源：课程重构中心

在教室中，这四个维度是相互交织的，有效学习是对这四个维度的多方面的综合。例如，学生合作开发可解决真实世界中某个特定问题（例如远程感知和扑灭小火）的机器人时，就是在广泛应用科学、技术、工程和计算机程序等方面的知识，教师可同时锻炼他们的领导力和合作技能，要求他们通过该项目反思学习过程。实际上，在世界范围内，学校的最佳学习体验历来是综合了这些不同的学习方面的，只是没有明确指出来而已。

我们可以设计一个矩阵（见图2.11）来展示不同领域（传统和现代）的知识和通过知识教学得以培养的技能、性格品质和元学习策略之间的交互作用。一些领域的矩阵稠密，一些则稀疏。

课程重构中心的目的是组织现有的、容量巨大的教育目标图景，创造思考课程的清晰和实用的方法。通过辨明这四个维度，我们建立了继续探讨的清晰的结构，将其作为指导性框架，整合既往研究对教育问题的思考方法，开启深度反思课程之旅。

每个知识学科都有责任将技能、性格品质和元学习策略纳入到与其并行的轨道中。例如，数学学科很适宜用来教授批判性思维、顺应力和元认知。学校将不会以独立课程或模块的形式教授这些素养，而是有目的地将其整合到现有学习活动中的相关部分。实际上，很可能的情况是，这些技能在具体知识领域的语境中才能被学得最好。

当然，每个学生的学习体验都可能有助于这些维度的发展，一些学习目标（如勇气）在校外项目和体验中的学习效果可能更好。另外，这个矩阵将随着儿童不同学习阶段的变化而显出差异，但是核心维度和它们的构成要素将保持不变。

我们并没有宣称我们发现了全新的观点，因为许多学习目标在苏格拉底和孔子时代就存在了。正如前面指出的，我们的框架是组织和综合了容量巨大的教育目标图景，创造了一种更为简洁、清晰、实用、相关和序列化的方法组织重要的学习内容。通过辨明这四个维度及其构成要素，我们为深层次地讨论教育的时代转化提供共同的语言。

将该框架作为学生应学内容的现代指导性文件，整合既往研究对教育问题的思考方法，我们可以开始重新深度审视21世纪值得学习的内容到底是什么。

课程重构中心版权所有（2014）	技能					性格					元学习	
	创造性	批判性思考	交流	合作	专注	好奇心	勇气	顺应力	伦理观	领导力	发展	元认知
传统知识（跨学科）												
数学												
科学												
语言												
……												
现代知识（跨学科）												
机器人学												
创业学												
幸福学												
……												
自始至终主题镶嵌 全球素养、环境素养等												

图 2.11 理解矩阵

来源：课程重构中心

第三章
知识维度

知识——传统和现代

传统知识学科的进化图

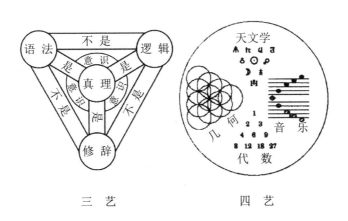

三 艺　　　　　四 艺

早在6世纪，人们就试图综合受教育者学习的所有重要的知识科目。影响最大的是早期西方的①三艺（Trivium）和四艺（Quadrivium），这是中世纪古典希腊教育理论的复兴，确定了大学教育

---

① 2016年课程重构中心也综合了所有东方的传统课程。

的七门人文学科：语法、逻辑、修辞、天文学、几何、代数和音乐。

完成这七门学科的学习是人们继续修习四门学科——哲学、神学、法律和医学的先决条件。虽然高等教育的共同知识目标的演化经历了好几个世纪，但是，以这些人文学科为核心的教育在全世界的大学中仍被保留。图3.1呈现了哥伦比亚大学对毕业学生的核心要求。

课 程	学期要求
文学人文学科 西方文学名著纵览 (专题研讨)	2
当代文明 西方哲学和社会理论纵览 (专题研讨)	2
艺术人文学科 西方艺术名著纵览 (专题研讨)	1
音乐人文学科 西方音乐名著 (专题研讨)	1
大学写作 反复练习大学水平的写作技能 (专题研讨)	1
外　语 至少达到一门外语的中级水平（分布必修）	4
科学前沿 培养"科学思维习惯"(讲座和专题研讨)	1
其他科学 任何科学学科的要求（分布必修）	2
全球核心 缓和欧洲中心取向对其他核心课目的偏见（分布必修）	2
体　育	2

图 3.1 哥伦比亚大学核心必修课程
来源：哥伦比亚大学

1893 年，以哈佛大学校长查尔斯·艾略特（Charles Eliot）为主席的美国十人委员会（the Committee of Ten），在全国教育协会（National Education Association）的资助下，建立了美国中等教育的知识学科标准。查尔斯·艾略特召集了十个教育专家委员会——绝大部分为大学校长和系部主任，要求他们制定所有公立学校的标准化课程要求。

在不同的程度上，这些早期的教育学科标准（除去希腊语、拉丁语和其他特定的语言要求）依旧是当今许多中等教育体制的毕业要求。图 3.2 总结了十人委员会的工作。

百科全书的发展和现代图书馆科学的诞生也对知识学科的组织作出了贡献，例如表 3.1 所呈现的高级知识结构。

表 3.1　几部大百科全书的知识分类

老普林尼（Pliny the Elder）百科全书，公元 79 年	弗兰西斯·培根（Francis Bacon）的百科全书，1620	大英百科全书（Encyclopedia Britannica），1971	杜威十进制系统（Dewey Decimal System），1876	美国国会图书馆图书分类法（Library of Congress System），1897
自然历史	自　然	物质和能量	总类、资讯、计算机科学	综合类
建筑学	人　类	生　命	哲学和心理学	哲学、心理学和宗教
医　学	人类对自然的行为	人类生活	宗　教	历史科学
地理学		社　会	社会科学	世界历史
地质学		艺　术	语　言	美国历史
		技　术	纯科学	其他国家历史
		宗　教	技　术	地理学、人类学和休闲

续表

老普林尼(Pliny the Elder)百科全书,公元79年	弗兰西斯·培根(Francis Bacon)的百科全书,1620	大英百科全书(Encyclopedia Britannica),1971	杜威十进制系统(Dewey Decimal System),1876	美国国会图书馆图书分类法(Library of Congress System),1897
		历史	艺术和休闲	社会科学
		知识分类学	文学	政治科学
			历史和地理	法律
				教育
				音乐
				美术
				语言和文学
				科学
				医学
				农业
				技术
				军事科学
				海洋科学
				图书馆科学

来源：课程重构中心

随着信息时代的到来，新知识的产生数量和处理这些知识的便捷程度都产生了实质性的变化。我们需要新的和更具创新性的知识地图帮助我们探究不断膨胀的知识图景的复杂性。

当前，许多新知识的表征可采用新的技术，如大数据、云处理、人工智能和可视化技术。知识地图领域和对信息的动态呈现产生了新的

中学的第一学年		中学的第二学年	
拉丁语	5学分	拉丁语	4学分
英语文学 2学分 写 作 2学分	}4学分	希腊语	5学分
德 语（或法语）	5学分	英语文学 2学分 写 作 2学分	}4学分
代 数	4学分	德 语	4学分
意大利、西班牙和法国历史	3学分	法 语	5学分
应用地理学（欧洲政治——大陆和海洋动植）	4学分	代 数 2学分 几 何* 2学分	}4学分
	25学分	植物和动物学	4学分
		英国历史（到1688年）	3学分
			33学分
		*可替换为记账和商业代数	
中学的第三学年		中学的第四学年	
拉丁语	4学分	拉丁语	4学分
希腊语	4学分	希腊语	4学分
英语文学 2学分 写 作 1学分 修 辞 1学分	}4学分	英语文学 2学分 写 作 1学分 语 法 1学分	}4学分
德 语	4学分	德 语	4学分
法 语	4学分	法 语	4学分
代 数 2学分 几 何* 2学分	}4学分	三角函数 高级代数	}2学分
物 理	4学分	化 学	4学分
英国和美国历史	3学分	历史（高级）和国内政治	3学分
天文学，3学分，上半年 气象学，3学分，下半年	}3学分	地质学或地文学，4学分，上半年 解剖学、生理学和卫生学，4学分，下半年	}4学分
	34学分		33学分
*可替换为记账和商业代数			

图 3.2 必修课程
来源：十人委员会报告

令人惊异的可视化效果。例如，基于科学论文交叉引用点击量，这个仿真快照（snapshot of a simulation）呈现了科学领域的动态关系（见图3.3）。

课程重构中心将在接下来的几年着力建构知识地图，借助它解释学科内部和学科之间的关系。这是我们从头开始重构课程标准的一部分工作内容。理解知识领域之间的相互关系将有助于揭示学习进程的逻辑性和有效性，实现深度理解的学习。

强调和遵循知识领域之间的关联性符合人们对专业知识发展的研究结论，也得到理解的认知基础研究的支持。它们均指向学生大脑中概念之间关系网络的重要性。

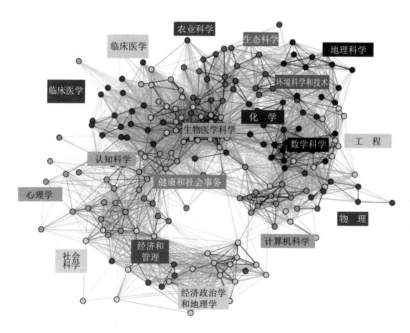

图3.3　与科学相关学科的网络可视化地图

来源：伊斯梅尔·拉弗不斯，阿兰·L·波特，洛埃特·劳德斯多夫"科学交叉地图：政策研究和图书馆管理的新工具"，《美国信息科学和技术学会杂志》，2010，61（9）：1871–1887

发现传统学科的相关性

全世界大部分教育体制教授的传统学科有：

- 数学
- 科学
- 语言——母语
- 语言——外语
- 社会科学（历史、地理、公民学和经济学等）
- 艺术（包括音乐）
- 健康（通常指体育）

在许多课程体系中，这些学科占用了大部分的时间，使得学科本身的新科目和新主题、现代学科、技能、性格发展、元学习策略等，仅有非常有限的时间去学习（见第六章"元学习维度"）。这使学生和教师深感沮丧，因为尽管没有被详尽论证，人们还是普遍认为个体和社会有学习现代知识的需要。然而，由于没有对标准和相关的评价进行深度重构，过去几十年中几乎没有发生显著性改变。课程非但没有被缩减、去粗取精和重构，反而持续膨胀。

传统的教育体制也倾向于鼓励（可测量的）知识数量，而不是强调理解的深度和运用知识的素养（技能、性格和元学习）。假使大型的教育体制与个人目标的实现、社会进步和就业能力相匹配的话，其结果会怎么样呢？为了实现这种匹配性，我们必须作出艰难的抉择，明确21世纪与什么最相关，与什么最不相关。

那么，什么是传统学科中的关键点？人们在保持其严谨性和增强其灵活性的同时，对此是如何重新思考的？如何考虑网络上的事实性知识和程序性知识的即刻获取性？如何小心地削减不那么相关的部分，为21世纪所需的现代知识领域和技能的学习让出空间？答案是四个维度的框架，用它们剖析既有课程，找到最实质的部分。下面将以数学作为核心课程为例，简要阐明这种思维原则。

1. 概念和元概念 [①]

什么样的观念学生会终其一生保有？起决定作用的是直接的实践价值还是世界观的充实？学科的本质是什么？学生毕业离校之后还能长期使用的概念是什么？

举一个数学学科概念的例子，比如变动率（rate of change）。开始的时候，学生学的是斜率，记住了斜率的定义，学会了基于给定的线段信息发现斜率。当变动率在物理中用来解释位置、速度和加速度之间的关系时，学生对其理解进一步加深。由于每个变化数字都是前面数字的变化频率，学生可以发现这些概念之间的关系。当然，这个观念在科学中是普遍存在的，但是概念的抽象形式即使是对非STEM专业，且在日常生活中很少使用该概念的学生来说，也是有用的。它很重要，因为它是思考变化的严格的方法，而世界上的变化无处不在。就是非流行病专家在思考疾病（如埃博拉）的传播时，为了对个人健康和安全进行决策，也需要理解变化率。一个更妙的例子是，美国科学进步协会（American Association for the Advancement of Science）通过2061计划（Project 2061 work）精挑细选了系列核心概念，强调了不同

[①] CCR, http://curriculumredesign.org/wp-content/uploads/Maths-Concepts-Processes-CCR.pdf.

年龄组的学生应该掌握什么科学概念。[1]

元概念（meta-concept）指的是，概念对某学科具有内在的决定性作用，且有时候超越了该学科，可应用到其他学科，不是限定于某个特定的科目本身。

在数学中，证法（proof）就是一个这样的元概念。强有力证法当然可用于数学的所有方面，但也超越了数学本身。例如，在哲学中，学生必须学习如何论证，保证证据之间形成上下和前后关系，对其他人的论据进行批判性的抽丝剥茧，寻找逻辑的纰漏之处和无事实依据的断言。这种推理跨越了数学学科，可用于分析人们在公共领域中作出的结论，例如从交易索赔到政治舆论。

2. 过程、方法和工具[2]

过程是每个学科的宏观要素，每个领域的表现极为不同。对于数学而言，过程可能是[3]：从数学的角度用公式表示问题；采用数学概念、实事、步骤和推理；阐释过程和结果。

过程还可以进一步细分为方法。它们指的是某一学科中的推理技能。在数学中，这样的方法被称为各个击破(divide and conquer)：学会将难题进行分析，逐个解决。这种方法对应对来自所有学科和职业的许多真实生活挑战是非常重要的。例如，如果你想写一本书，你可能先列出提纲，然后逐个写出章节内容，再将它们整合成具有内在一致性的文稿。最后，工具类似于最具体的方法，诸如应用乘法表。

---

[1] American Association for the Advancement of Science, Project 2061, http://www.aaas.org/report/science-all-americans.

[2] CCR, *Mathematics for the 21st Century: What Should Students Learn?, Paper 2, Methods and Tools*, http://curriculumredesign.org/wp-content/uploads/Maths-Methods-Tools-CCR.pdf.

[3] OECD, *Pisa 2015: Draft Mathematics Framework*, www.oecd.org/pisa/pisaproducts/Draft%20PISA%202015%20Mathematics%20Framework%20.pdf.

3. 分科、科目和主题[①]

分科、科目和主题是知识分类的传统方法。在这种分类中，有的与多变世界的相关性更大，有的更小。那么什么知识发挥的作用越来越大？在数学中，一个新的相关分科是"离散数学"（discrete mathematics），科目可以是博弈论，主题是"囚徒困境"。这些主题与个体和社会直面的各类问题有关。例如，体育违禁用药是囚徒困境问题，因为竞争双方均不服药的话，他们势均力敌；如果一方服药，另一方则败北。再举个经济学中的例子，广告投入耗资巨大，然而如果其他公司做广告而他们不做的话，他们将失去客户。

4. 我们如何使概念跨学科？

因为知识可跨学科迁移，很自然地我们就会思考如何更清晰地阐述知识领域之间关联性的方法问题。强调概念、元概念方法和工具的跨学科应用的价值非常大，它是阐释概念且使概念与学生即刻相关的非常有效的方法。例如，指数（数学）既可以在复利（财政学）和财政泡沫（历史和社会学）中教，也可以在细菌繁殖（生物学）和资源消耗（环境素养）中教。

似乎这样的重组是不可能的。有人提出，我们当下教育中的知识结构之所以如此，是因为许多概念是如此的复杂，以至于为了有效地进行教学，我们必须首先将它们分解为易控制的组块。他们还说，归根结底，只有学生理解了概念的各构成部分，更深层次的概念模式才会出现。例如，如果一个人最初并不知道生物和非生物的组成部分是

[①] CCR, http://curriculumredesign.org/wp-content/uploads/Maths-Branches-Subjects-and-Topics-CCR1.pdf.

什么，不理解食物链的不同层次——由初级生产者和消耗者到第二级、第三级、第四级的消费者和分解体，他就不可能真正理解生态系统。

但实际上，这些词汇对学生生物课堂之外的生活是没有作用的，除非他们从事生物学专业工作，不过即使这样，他们还将以某种方式再学习一遍。这种趋势在许多工作中已成事实——工作培训涉及的大部分内容是员工需要知道如何获得岗位成功。我们永远没有能力去了解某个科目的所有细节，特别是因为我们的理解将发生持续的变化。通过互联网，我们可以即时获取我们想要的新信息。非常明显的是，尽可能学习更多的细节不应该是学校教学某个特定学科的目标。另外的问题是，对这些概念的教学不是出于概念的内在价值，而是出于工具价值，例如，为一些后续概念或者主题的学习搭建基础，但是学生很难学习和记住这些知识。

那么，对于学得津津有味，学有所获，毕业后又并不从事生物学专业工作的学生来说，持续影响他们未来生活和工作的究竟是什么？也许就是一种方法，一种有机体利用大自然的力量自发形成不同层次和不同团体之间的竞争与合作的方法。或者是人类如何与环境进行互动的启示。（课程重构中心在接下来的几年将和每个领域的专家合作，确定究竟是哪些部分对学生产生了持续的影响。）传统的结构确实包括这些概念，然而它们经常隐匿在描述这些特定内容的段落甚至章节背后的结论中，学生对要学习的大量内容经常感到不知所措。学习目标应该重构。它的重心不再是涉及某个特定科目或主题中的所有内容，而是让学生以有意义的方式理解核心内容，提升学生的理解、记忆能力，加强学生的学习体验。

大学大量教授某一内容是因为其有内在价值，而非对某堂课或者下一个内容的学习有必要。换言之，大学应该用学习内容的内在价值而非工具性价值的承诺去激发学生的学习动机。如果教师教给学生每个学科的核心概念和过程，为之打下思维的基础，使之掌握基础性的知识要素，那么无论他们今后选择专攻什么，他们都能够具备与专家进行互动的相应知识和思维。

在这个阶段，有人可能会问，为什么不放弃学科视角，为什么不用某种宏观的思路对传统知识进行全新的重组，或者诸如此类的问题。一句话，答案不具有可行性。在世界各地，教学根据学科线索进行分割，虽然我们提倡对教学内容和跨学科性等进行新颖的反思，但是我们意识到，在现阶段，全部放弃学科的现实可能性有令人难以置信的复杂。① 而进一步对此探索则具有明显的价值。随着时间的推移，随着人们对素养持续不断的关注，终将出现实质性的变化。只有通过从下到上的有效重新设计，考虑到上述提出的所有问题，我们才能够令人信服地调整传统课程的必学内容。

三个方面的价值

除了上面描述的过程之外，我们还需要记住每个科目领域所具有的三个价值。

- 实践性——在日常生活中，在未来许多工作前景方面，学生需要概念、元概念、过程、方法和工具，需要该学科的分科、科目和主题。
- 认知性——学习科目可发展高层次的思维，如批判性思维、创造

---

① 芬兰开始将部分课程进行主题整合：www.oph.fi/english/education_development/current_reforms/curriculum_reform_2016。

力和品格发展。它们均可以被迁移到其他科目和情境中。

·情感性——科目领域内在的美和力量是我们人类的巨大成就,是学生学习动机的源泉,有助于学生理解世界,应该传达给学生。

对不同的学科而言,这三个层面的价值可应用的程度不同。

图 3.4　价值观金字塔
来源：课程重构中心

从广义上而言,随着世界的持续改变,随着人类必要知识基础的持续发展,随着工作所需必要知识的持续转化,学科的实践价值是最具改变倾向的。在过去具有很大实践价值的内容很可能落后于时代,我们必须谨慎和细心,持续思量我们所教科目的实践价值。

是否每个科目都有超越其实用利益的认知价值？学习科学研究应该探索和检验这个实用主义问题。虽然我们可能相信,某些科目有更深层次的迁移价值,但是这些假设必须得到有力的检验,我们必须基于事实采取行动,而非老生常谈或人云亦云。

学科内在之美的情感价值,其作用程度因人而异。然而,我们必须坚决摒弃的观点是,实践价值和认知价值是教授情感价值的前提条件。在很大程度上,美经常是激发人们探究某个主题的内在动机。一言以蔽之,可以同时学习三种价值。

审视每个学科的三种价值是课程重构中心持续不断的工作,故该部分的讨论绝不意味着结论的封闭性。

现代(跨学科)知识

纵览全球教育课程的现状,思量我们时代的要求,我们发现,时不我待,早就应该对我们的知识目标进行大更新。新的、现代的跨学科科目、分科和主题,采用交叉专题(cross-cutting themes)[①]关注基础概念、元概念、方法和工具,我们需要将此纳入到学生教育中,为他们提供 21 世纪所需要的知识。

我们的世界正发生巨大的变革,这些变革要求相应地重视某些特定的主题和专题,我们当然可以通过某些传统和现代的科目、分科和主题教授它们。然而,我们必须注意到,这种处理方式并不会自动为学生作好迎接世界变化的准备。我们应该着力强调每个主题和专题的相应学习结果。课程重构中心在下面列出了"预测 2020 年"所预测的世界变化[②],以及相关的主题和专题、知识领域和学习结果。这些研究并没有详尽无遗地涉及方方面面,只是举例说明,如果能够成功实施,

---

① 专题(themes)超越了概念、元概念、方法、工具、科目、分科和主题。后面部分将对此展开阐述。
② 知识学习基金会发布的"预测 2020 年",见第一章"指数增长"部分。

课程重构和跨学科知识将帮助我们迎接挑战。

"如果成功实施"是个重要的提醒——在各种各样的项目中，我们正在采用某种方法教授许多现代知识领域，获得不同程度的成功。然而传统的讲授法学习心理学的人类认知偏见理论只能引发学生行为的微弱改变。关注相关的学习目标和有效的实践[①]将对他们产生持续的作用。这些表格（表 3.2—3.7）仅作为进一步讨论和分析的起点，在未来，课程重构中心将着力使这些观点充分具体化。

人类寿命的延长

人类平均寿命的延长将对社会发展产生广泛的共同影响，包括更多的劳动力需求、更深奥的学院专业知识、更多的隔代互动、转型变革阻力不断增加的可能性、健康和福利体系的更多挑战。

人类平均寿命的延长也有可能对个人和经济产生影响，诸如人们在一生中从事的职业的种类更多，隔代之间对资源分配的潜在争夺。这样的发展将要求人们提高跨代的敏感性和调整社区思维方式——每个人必须在个体和社会需求之间取得更好的平衡。

注意：和前面强调的"如果成功实施"的提醒一样，该部分表格（表 3.2—3.7）中呈现的学习结果也将在第七章"简述如何实施四个维度的教育"中进行深入分析。

---

① 见第七章"简述如何实施四个维度的教育"。

表 3.2　人类寿命的延长

主题和专题	知识领域（传统和现代）	学习结果
个人健康	健康（营养、锻炼、运动、心智觉知和肌肉运动能力等）	自我导向的个人健康管理、健康知识和实践
职业路径、就业能力和阅读素养	·金融素养 ·经济学	·金融意识和责任 ·职业意识和自我实现

来源：课程重构中心

相互关联的人、组织和星球

人们之间相互关联程度的快速增强带来了许多复合效应，例如，信息与观点的传播速度和人际互动的规模均呈指数增长。一个观点，从开始描述，到影响行为模式，再到像病毒那样迅速传播，成为一场运动，继而成为数以十万计人的示威游行，只需要几天的时间。在这个高度关联的世界上，从容应对将要求我们对文化多样性、习俗（practices）和世界观有更多的包容，利用这种多样性更具创造性地应对全球挑战。

表 3.3 相互关联的人类

主题和专题（带*号的为专题）	知识领域（传统和现代）	学习结果
社交技能 情商	・心理学 ・社会学 ・人类学 ・政治科学 ・世界历史 ・公民学和全球公民身份 ・比较宗教学 ・世界音乐和戏剧	・理解其他人的思想、情感、视角和动机 ・在行动上和情感上均跨越文化差异的合作与小组工作
*全球素养	・文化研究（地理、全球历史、人种志、音乐等） ・媒体/新闻 ・外语和语言学 ・国际商业和金融	全球视野：在不同文化中理解全球事件以及文化习俗与行为
*系统思维	・数学（复杂系统） ・交叉学科（如机器人学、生态系统学、商业等） ・环境和生态研究 ・未来研究	・相互关联性 ・因果关系 ・生态互动 ・预测

来源：课程重构中心

智能机器人和系统的诞生

智能机器人可操作认知复杂的，一度被认为只有人类才能完成的任务。它们的快速发展和传播导致了工作和产品生产的自动化，进而为劳动力市场带来巨大变数，表现为收入和就业的巨大经济鸿沟，由此造成总体经济的不稳定。同时，它推动了人类对技术的过度依赖——潜在地降低了我们个体的才智和独立性。

这些变化将重点体现在技术领悟力和非自动化技能（诸如综合和创造等）方面。它们也影响了人们少消费和多创新的渴望，采用自助模式（DIY），创客思维（maker mindset）[①]，在人机之间取得更积极的平衡（对"什么、什么时候和如何依赖技术"进行控制）。

表3.4 智能机器人的主题和专题

主题和专题（带*号的为专题）	知识领域（传统和现代）	学习结果
*电子素养	·计算机科学 ·编程 ·工程 ·机器人学 ·合成生物 ·创客/DIY技能（例如3D打印，激光切割）	·操作性思维（逻辑和循环性等） ·数据收集和分析
*设计思维	·客户调查 ·设计和原型法 ·项目管理 ·创业学	·批判性和创造性思维 ·全面操作复杂项目时的全盘思维
合成和综合	·写作（文学、新闻和技术写作） ·研究	界定项目、设计计划、完成复杂过程和评价结果的能力，准确和清晰地呈现结果

---

① Wikipedia, "Maker Culture," https://en.wikipedia.org/wiki/Maker_culture.

续 表

主题和专题 （带*号的为专题）	知识领域（传统和现代）	学习结果
伦理思维	哲学（伦理学）	·伦理行为 ·自我反思

来源：课程重构中心

大数据和新媒体

电子技术的兴起和新媒体应用的广泛性使得越来越多的人不再将纯文本作为主要的互动工具。图像和视频曾经是少数人的专属，现在是网络交流的主要工具。在未来，虚拟现实的特点将逐步被整合，学生必须作好用新方法交流的准备。

大数据的日常应用——取决于储存大量数据的在线系统提供必要的服务——伴随着大量好处和忧虑。由数百万个体生成的海量数据集为我们提供了进行模拟和建构模型的能力，允许人们对复杂的社会动态和模式进行深度理解，最终为基于证据的更优决策提供支持。同时，这样的大数据收集和实践引发了隐私、安全、身份窃取和其他个人信息的潜在滥用问题。

对大数据的扬长避短和趋利避害将要求我们具备高层次的媒体素养，要求个体和公共机构具有勇于质疑的科学精神和行为，对无休止地收集我们私密数据所存在的潜在滥用问题始终保持警觉。

表 3.5 媒体素养的主题和专题

主题和专题 （带 * 号的为专题）	知识领域（传统和现代）	学习结果
大数据	・统计和概率 ・计算机科学和工程	・理解如何运用大型且复杂的数据集进行学习和作出决策 ・了解人类和机器学习之间的关系
媒体素养	・电影艺术和媒体制作 ・市场、广告和销售	・利用媒体形式令人信服地传递信息 ・说服 ・在电子空间进行个人身份/品牌的管理
*电子素养	信息技术	・对个人电子足迹的深刻意识 ・知道如何熟练地操作电子技术，同时理解它们的局限性
*信息素养	・心理学 ・社会学 ・人类学 ・世界历史	・保持动力性（dynamic）的人格特征 ・考虑文化视角 ・培养对竞争性数据的平稳心态

来源：课程重构中心

环境压力和要求

正如上面讨论的，人类社会正在以前所未有的速度使用环境资源，比过去任何时候消费得都多，浪费得也多。到目前为止，我们的技术已经榨取了大自然数量惊人的食物、能源和其他物资资源。科学家的数据表明，人类已经使用了几乎40%的潜在陆地（植物）资源[①]，另外，近几百年来，我们也正在开采数亿年前的植物和动物残骸（以煤和油的形式）。没有技术，我们根本不可能养活10亿人口，更不用说现在的70亿人口，甚至更多。

这些趋势的持续很可能将带来资源的竞争和大量资源的短缺，影响人类的日常生活。然而，它同样也促进了对研究、发展创新和开发环境友好型可替代技术的不断需求。它不仅检验了我们发展专业水平追求这些创新的能力，也考验了我们对改变行为的共同承诺，对采用多样化方法使用、重复使用和优化资源的共同承诺。

人口统计分布的变化和不断增加的移民需要国家之间和文化之间更大的合作和敏感性。这样的需求意味着重新给成功下定义，超越狭隘的测算国家经济产出的国民经济发展总量（GDP）的概念，扩展经济模型，使其增加合作、多元性包容、可持续性和其他更好地反映社会进步的测量方式。它也要求组织具备应对社会挑战的道德取向，并以此追求目标的能力。

[①] Peter M Vitousek, Paul R. Ehrlich, Anne H. Ehrlich, and Pamela A. Matson, "Human Appropriation of the Products of Photosynthesis," *BioScience* (1986): 368–373.

表 3.6　环境的主题和专题

主题和专题（带 * 号的为专题）	知识领域（传统和现代）	学习结果
*系统思维	・历史（人类互动的网络） ・数学（复杂系统） ・社会学 ・心理学 ・人类学 ・地理学 ・经济学	・可持续性和交互性 ・延迟满足和长期思维 ・社会视角 ・基于证据的说服 ・可持续性
*环境素养	环境和生态研究	・交互性 ・因果关系 ・生态互动

来源：课程重构中心

放大的人

假体、基因、支持与增强人类功能的药物的发展现状正在重新定义人的能力，模糊了残疾和超能之间的界限。同时，虚拟现实的不断创新有可能导致自我感知和客体感知的变化。

人的性能的如此巨变要求我们反思具备这种网络能力的人意味着什么，要求我们再协调我们的同一性(identity)，因为真实世界的感知和电子世界的模拟已经被混淆。

表 3.7 放大的人的主题和专题

主题和专题 （带 * 号的为专题）	知识领域（传统和现代）	学习结果
通过手和身体技能的物理感知	·健 康 ·工艺、园艺、木工、烹饪、缝纫、创客/DIY 等	在身体活动中发展身体技能和思维
同 情 共同责任	·饲养宠物 ·关爱他人 ·心理学 ·社会学 ·人类学 ·世界历史 ·公民学/伦理学 ·宗教比较学 ·未来研究	·发展关爱的习惯 ·应用社会科学研究理解自我和现代事物，设计更美好的未来 ·发现人的共性
心智觉知 元认知	·哲 学 ·伦理学/公民学 ·宗教比较学 ·艺术和个人表达	·自我意识 ·自我管理 ·自我实现 ·自我超越 ·成 熟 ·智 慧

来源：课程重构中心

现在有许多项目着力于教授这些新的学科和交叉学科，然而最大的挑战是在课程中找到时间去进行重点关注。正如前面所分析的，传统的学科占用了现在的所有时间，且它们不足以教授 21 世纪所需要的所有能力。为了腾挪出课程的时间和空间，我们必须反思传统学科的目标、益处和相关性，移除落后于时代和不再那么有用的部分。

由于世界的关联性和复杂性日益加剧,合作性也日益增强,我们越来越有必要采用跨学科的方法处理问题、难题、事件和挑战。当学生能够深入知识领域,在观念之间形成关联的时候,他们的学习将得到极大的促进,拓宽理解和素养的深度和宽度。根据哈佛"零点项目"(Project Zero)研究者维罗尼卡·博伊克斯·曼希拉(Veronica Boix-Mansilla)的研究,"与跨学科学习相关的是批判性思维技能,是对更复杂概念的认识、学习和探究,是学习者更强的动机和更大的投入"[1]。跨学科学习也要求学习传统知识,这样的话,它们才不会被看作是与真实世界的应用相分离的。例如,机器人学不仅可用来教授机械、电子、计算机工程,还可用于教授物理和数学中的相关概念。

下面的现代跨学科知识领域来自本部分中上述列出的表格,它们被认为最具广泛应用性,与 21 世纪的教育取向非常相关。

- 技术和工程——包括计算机科学,特别是编码、机器人学和人工智能
- 生物工程——特别是基因编码和合成生物学
- 媒体——包括新闻(电子)和电影
- 创业学和商业发展
- 个人金融
- 健康——身体和心理
- 社会体制——社会学和人类学等

---

[1] V. B. Mansilla, *Learning to Synthesize: A Cognitive-Epistemological Foundation for Interdisciplinary Learning*. Harvard Graduate School of Education, 2009, www.frinq-fall2012retreat.michael flower.com/resources/Learning_to_synthesize.pdf.

肯定还有许多其他的现代跨学科知识领域也很重要，因此我们欢迎读者的观点和反馈。

专　题

21世纪的课程不仅包括目标与素养、现代跨学科知识领域和相应的传统学科内容，还包括一个重要的方面，即专题。专题代表了很多传统和现代学科学习的共同组成部分，对许多教育立法机构和文化来说很重要。教师、学生和课程设计者将发现，通过学科基础领域突出专题学习的方法数不胜数。课程重构中心最近确定的相关专题如下。

全球素养①

我们地球村的相互关联性持续增长，仅从某个国家的单一视角审视教育具有局限性。在21世纪的教育中，学生对每个科目的学习都需要具备全球的多元文化视角。② 这意味着，例如，世界历史包括世界各国的历史，数学课堂不仅仅讨论西方的数学，也讨论相关的东方数学（阿拉伯、印度和中国），教师应督促学生批判性地审视他们的文化偏见和视角，理解和包容其他文化的视角。通过课程，学生应该学会在全球社会—文化意义的情境中看待差异问题，形成国际意识，深入地理解这种文化多样性。

---

① 有的组织称其为全球能力。我们担心它与课程重构中心的12种能力相混淆，故将其称为全球素养。
② 亚洲协会（Asia Society）一直是全球素养研究当之无愧的领军组织：http://asiasociety.org/globalcompetence。

信息素养

根据谷歌 CEO 埃里克·施密德（Eric Schmid）的观点，我们每隔两天生成的信息数量相当于文明兴起至 2003 年期间生成的信息量之和。[1] 科学论文数量每年以 7%～9% 的（复合）速度增长，是大约每隔 10 年科学产出的一倍。[2][3]

无疑，许多人知道如何在互联网上搜索信息，然而，他们不一定掌握了批判性审视和综合信息所必需的缜密推理技能，特别是当他们需要加工的信息数量大到令人生畏的地步的时候。

21 世纪的信息素养工具（Twenty-First Century Information Literacy Tools，TILT）是人民科学（The People's Science）组织的一个项目。[4] 它界定了真实世界情境中的信息互动与应用的六个核心技能和识别力。这是我们必须发展的基础能力，它帮助我们负责任地对海量信息进行筛选、评价并将其转换为可运用的知识（见图 3.5）：

---

[1] M.G. Sigler, "Eric Schmidt: Every 2 Days We Create As Much Information As We Did Up To 2003," *TechCrunch*, http://techcrunch.com/2010/08/04/schmidt-data.

[2] Richard Van Noorden, "Global scientific output doubles every nine years," *Nature News Blog*, http://blogs.nature.com/news/2014/05/global-scientific-output-doubles-every-nine-years.html.

[3] Ronald Bailey," Half the Facts You Know Are Probably Wrong," *Reason*, October 2, 2012, https://reason.com/archives/2012/10/02/half-of-the-facts-you-know-are-probably.

[4] The People's Science, www.thepeoplesscience.org/#tilt, developed by Stephanie Sasse and Maya Bialik.

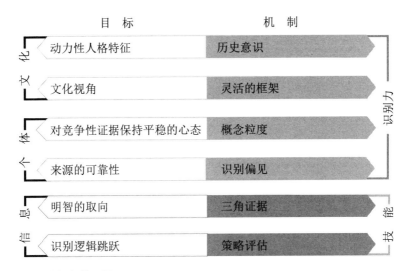

图 3.5　信息素养工具
来源：人民科学

信息素养工具界定了信息素养的下列能力：

・保持动力性的人格特征，包容信息的发展性特点和对新的证据保持开放。
・在信息阐释和新观点的扩展中思量社会—文化视角的作用。
・培养对竞争性证据的平稳心态，采用批判和缜密的步骤，开展明智的争辩，对竞争性证据进行回应和改进，形成最终共识。
・评价信息传播圈中的共同访问点，判断信息来源的可靠性。
・发展明智的取向，明确特定证据在相关知识的更广泛图景中的价值。

信息输出的速度之快超出人们的想象，信息素养对任何科目领域的学生来说都愈来愈重要。

系统思维

复杂系统的观点是科学学科和社会系统的汇聚(见图3.6)。[①] 它提出了一种转换范式,即从20世纪西方文化的机械论和还原论模型向更平衡的取向转换。分析依旧是分离参数的关键方法,由此可对参数进行深度处理,产生深刻的理解。但是它必须通过合成,与整体视角进行综合,这样的话,每个部分将作为整体,而每个整体又是更大系统中的部分,它们之间的所有关系都可得到探究。[②]

根据教育理论家和认知科学家德里克·卡夫雷拉(Derek Cabrera)的观点,教育者应该鼓励学生思考部分、系统、关系和视角(distinctions, systems, relationships, and perspectives,DSRP)。

・部分:不断发展观点和物体的复杂表征。
・系统:解构观点,进行各种各样的部分/整体之间的互动,将它们重构为新的综合概念。
・关系:理解事物之间的联结。
・视角:从不同的视角理解事物。[③]

[①] Y. Bar-Yam. *Dynamics of Complex Systems.* (Reading, MA: Addison-Wesley, 1997.)
[②] 系统思维和整体思维不同,它包括还原论和整体思维。
[③] D. Cabrera et al., "Systems thinking," *Evaluation and Program Planning* 31, no. 3 (2008): 299–310. For a TEDx talk by Dr. Cabrera, see www.youtube.com/watch?v=dUqRTWCdXt4.

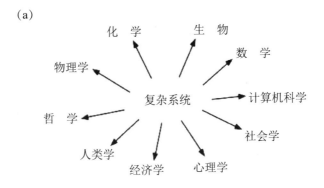

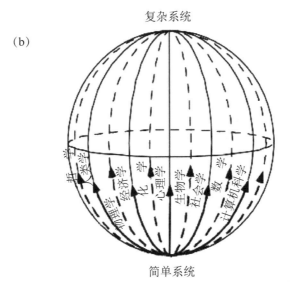

图 3.6 系统思维

来源：Y・巴 - 叶姆《复杂系统动力学》(Dynamics of Complex System)

通过思考复杂系统的共同特点，学习者可应用系统思维取向从一种现代和系统的视角看待更传统的学科。

设计思维

正如我们所看到的，当下面临的 21 世纪的挑战正在要求我们广泛地反思和重构我们的社会机构，从教育到农业与能源应用，再到产品设计和生产，直至国家的经济状况和政府。当前，信息和通信技术的应用不断增长，全球关联性不断增强，能源与物质生态的可持续性不断恶化，人类寿命日益延长，人类健康水平不断提升，从这些角度而言，几乎每一项产品和服务都需要被重新设计。为了更好的产品和服务，我们需要发展一种设计思维心态（design thinking mindset）以应对挑战。

我们可以通过四个原则对设计过程进行清晰的概念化[①]：

- 人类规则：所有的设计活动具有亲社会的特征。
- 模糊规则：设计思考者必须保持非确定性（ambiguity）。
- 重构规则：所有设计都具有重构性（错误是反复改进过程中的自然现象）。
- 实质规则：观点的具体明确性将促进沟通。

图 3.7 是一个例子，呈现了课程设计思维过程的模型。

[①] Hasso Plattner, Christoph Meinel, Larry J. Leifer, eds., *Design Thinking: Understand, Improve, Apply. Understanding Innovation* (Berlin; Heidelberg: Springer-Verlag, 2011): xiv–xvi. DOI: 10.1007/978-3-642-13757-0.

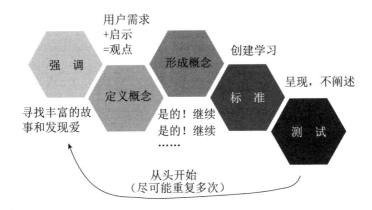

图 3.7　设计思维
来源：斯坦福大学设计研究院（Stanford University d:School）

环境素养

如前所述，人类正快速接近或者已经超越了我们星球的一些生态极限。为了避免未来巨大的环境危机或者生态灾难，对于环境科学和我们社会对人类的长期可持续性影响，每个公民必须形成基本的认识。

P21 组织认为，环境素养是一种能力，包括以下几个部分：

·认识和理解环境及影响环境的情况和条件，特别是与空气、气候、土壤、食物、能源、水和生态系统有关的环境。

·理解和认识社会对自然世界的影响（例如，人口增长、人口发展和资源消耗速度等）。

·探究和分析环境问题，对有效解决问题的方法作出准确的判断。

·采取个人和集体行动迎接环境的挑战（例如，参与全球行动，设计方案，以激发解决环境问题的行动）。

电子素养

前面提到，技术领悟力愈来愈重要。随着工具和技术的持续发展，学生必须学会使用一系列新的技术。随着我们开始整合大部分现有职业领域的技术创新，绝大部分的工作将要求提高熟练程度。学生学会掌握现有技术工具是非常重要的，例如网络搜索、文字加工、电子数据表和社交媒体应用等。同样重要的是，他们对学习技术感到很舒服。

所有这些专题向教育者和学生提供了一种方法，使学习更具有相关性和基础性，激发了他们的动机和行动。专题也提供了教育者将内容领域和素养进行整合与匹配的视角，由此提供了跨学科思维的基础。

课程重构中心知识框架的总结

基于上述讨论，我们对知识领域的整合进行下述总结（见图3.8）。

我们再次重申，这是一份与时俱进的工作，我们将继续深入探究每个学科的教育目标。

课程重构中心的知识框架		
专题：跨知识全方位的适宜嵌入	・全球素养 ・环境素养 ・信息素养 ・电子素养 ・系统思维 ・设计思维 ……	传统知识，组织方式如下： 　・概念和元概念 　・过程、方法和工具 　・分科、科目和主题 更多的跨学科整合
		・数　学 ・科　学 ・语言——母语 ・语言——外语 ・社会科学（历史、地理、公民学和经济学等） ・艺术（舞蹈、戏剧、媒体艺术、音乐、视觉艺术等等） ・（视国家情况）……
		现代知识，组织方式如下： 　・概念和元概念 　・过程、方法和工具 　・分科、科目和主题 跨学科整合的程度更大
		・技术与工程，包括：计算机科学，特别是编码、机器人学和人工智能；生物工程，特别是基因编码和合成生物学；高级制作，包括 3D 打印；等等 ・媒体，包括：新闻（电子），电影 ・创业学和商业 ・个人金融 ・健康，包括：身体，心理 ・社会体系（社会学和人类学等） ……

图 3.8　**课程重构中心的知识框架**
来源：课程重构中心（2015）

第四章
技能维度

心理学研究表明，积极的学习体验活动通常带来良好的学习结果。[1] 学习者不只是听、读和进行例行公事般的练习，而是通过探究、辩论和包容差异化的观点等，锻炼更高级的思维技能。和积极的学习体验理论一致，建构取向的学习强调和发展学习的社会（性格）特点（知识通常是通过互动构建）以及创造性思维技能（通过创造和再创造学习知识）。[2]

事实上，教育迁移是将在某一情境中的学习内容应用到另一个不同的情境中，但是教育目标的迁移难以描述。有人认为它是为未来的学习作准备。[3] 这种观点重新定义了学习迁移，将它看作是对技能和动机富有成效的运用[4]，为学生在新的、真实世界情境的，或者信息丰富

---

[1] D. Perkins, "Constructivism and Troublesome Knowledge," *in Overcoming Barriers to Student Understanding: Threshold Concepts and Troublesome Knowledge* ed. Jan Meyer et al Ray Land, 33–47 (New York: Routlege, 2006).

[2] D. C. Phillips, "The Good, The Bad, and the Ugly: The Many Faces of Constructivism," *Educational Researcher,* (1995): 5–12.

[3] J. D. Bransford, and D. L. Schwartz, "Rethinking Transfer: A Simple Proposal With Multiple Implications," *Review of Research in Education,* (1999). 61-100.

[4] E. De Corte, "Transfer as the Productive Use of Acquired Knowledge, Skills, and Motivations," *Current Directions in Psychological Science* 12, no. 4, (2003): 142–146.

环境中的运用作准备，更逼真地反映了来自真实世界挑战的学习。研究还表明，如果教育环境强调学生的积极作用，促进学生的自我管理，鼓励互动和反思技能，具有社会特点且与学习者相关（性格品质），那么这样的教育环境则可成功推动学习向新情境的迁移。①

知识和技能不可分离

教育中的一个长期争论建立在这样一个假设上：技能的教学有损于内容知识的教学。我们确信这是另一个虚妄的二元分裂。研究表明，如果教学中没有技能的参与，对知识的学习则是被动的，知识经常停留于表层（知识可能被记住，但是可能没有被理解，不容易被重复使用，或者容易忘记）②，因此，这种知识不容易转化到新情境中。只有将技能应用到内容知识中，深度的理解和在真实世界情境中的应用才可能发生，由此彼此才能够相互促进。

为了实现这个目标，P21组织建构了好几个传统知识科目领域的技能地图③，包括数学、科学、社会科学、地理、英语、世界语言和艺术。这些技能地图分年级展示，呈现了知识和技能之间的关系以及它们相互促进学习的方式。图4.1是技能地图的一个例子，着重分析了科学知识和创造性技能之间的交互作用。

---

① E. De Corte, "Transfer as the Productive Use of Acquired Knowledge, Skills, and Motivations," *Current Directions in Psychological Science* 12, no. 4, (2003): 142–146.

② D. Perkins, "Constructivism and Troublesome Knowledge," 33–47.

③ P21, Skills Maps, www.p21.org/our-work/resources/for-educators#SkillsMaps.

	四年级	八年级	十二年级
科学的本质是创造性劳动。科学和技术创新的挑战要求采用新的和创造性的科学与技术方式，开展更加跨学科的探究。现代社会和环境的应用上。科学世界中的人类创造性思维及其应用在真实世界中建立在既有知识及其理论进步的人的知识和创造性思维基础上的新的。	结果：学生提供具体的科学例子，以表明他们具备创造性思维和创造性思维，当他们提出问题、解决问题、发明东西和发展关于世界的观点时，他们每个人都能够运用这种思维方式。 例子：学生审视他们在日常活动中运用科学思维的方法和尝试性问题解决的过程，诸如烹饪、园艺、战略游戏，作为照顾宠物的一部分，或者通过课堂设计课堂园艺项目的活动，制作可更新的播客或者利用植物基百科，说明他们是如何确定植物的生长、营养和养护的理想条件的。	结果：学生能够描述科学和工程中包含的创造性过程，能够指出创造性过程包括提出和检验观点，进行观察和形成解释。另外，学生还能够将这种创造性过程应用到自己的探究中。 例子：学生小组合作学习，探讨如何设计一个帮助残障人士的设备。项目要求学生应用简单的电脑辅助设计软件搭建该设备的 3D 结构。他们集体确定了同伴评议的标准，然后，各个小组彼此交流设计规划，要求对方对这些设计提出完善的建议。接着，辨识他们应用了哪些不同的科学学科（生物、物理和工程等）建构他们的设计，以及这些学科在解决设计问题时可以给他们的设计。学生也可以讨论他们还可应用什么其他专业知识咨询改进他们的设计，包括咨询该设备意图服务的对象——残障人士。	结果：学生解释科学认识是如何建立在既任科学认识上的，以及科学进步是如何依赖创造性思维的，这种创造性思维基于其他人的知识和创造的新的。 例子：学生选择一个科学理论，研究它的发展历史，然后应用概念地图和时间轴软件，绘图描述以前的发明、观点和技术是如何预言该理论的，以及不同的学科是如何为该理论提供启示的。学生报告了解科学问题的创造性方法。

图 4.1 技能地图

来源：P21, www.p21.org/storage/documents/twenty-firstcskillsmap_science.pdf

技能和教育劳动力的鸿沟

人们普遍担忧新近的（中等学校和学院/大学）毕业生缺乏劳动力的相应技能，有些机构就此开展了很多调查，就企业的聘用需求咨询雇主。典型的例子包括：

· 他们作好了工作的准备吗？——世界大型企业联合会和21世纪技能伙伴（the Conference Board and Partnership for 21st Century Skills）[1]

· 劳动力批判性技能需求和资源的变化——人力资源管理协会（the Society for Human Resource Management）和《华尔街杂志》（The Wall Street Journal）[2]

· 经合组织技能前景——经合组织[3]

P21组织综合了所有的调查结果和来自各领域专家的意见，形成了《21世纪技能：为我们所生存的时代而学习》一书。[4] 这些技能吸纳了来自全球企业、教育和政府部门的广泛共识，虽然不同的框架经常使用不同的术语和分类，但还是一致地归纳出学习、富有成效的工作和

---

[1] P21, *Are They Ready To Work?*, www.p21.org/storage/documents/FINAL_REPORT_PDF09-29-06.pdf.

[2] Society for Human Resource Management, *Critical Skills Needs and Resources for the Changing Workforce*, file://localhost/www.shrm.org/research:surveyfindings:articles:documents:critical skills needs and resources for the changing workforce survey report.pdf.

[3] OECD, *OECD Skills Outlook 2013: First Results from the Survey of Adult Skills*, OECD Publishing (2013).

[4] Bernie Trilling and Charles Fadel. *21st Century Skills: Learning for Life in Our Times* (San Francisco, CA: Jossey-Bass/Wiley, 2009).

生活成功最需要的技能。表4.1对几个卓越的技能框架进行了对比。①

表4.1 框架的比较和反馈

P21组织的技能框架	ATC21S组织的技能框架	经合组织成人素养评价（PIACC）	经合组织国际学生评估计划（PISA）	教育部门、系和学校对P21组织的反馈="强调4C"=课程重构中心的框架
学习和创新	思维方式			
创造力和创新能力	创造力和创新能力		创造性地解决问题	创造力
批判性思维和问题解决	·批判性思维 ·问题解决 ·决策	问题解决		批判性思维
	工作方式			
互动	互动	·阅读（散文和文件文本） ·写作 ·口头表达		互动
合作	合作（小组工作）	小组工作		合作
信息、媒体、信息和通信技术素养	工作工具			从这里开始，其他四个框架提及的相应维度，本书已经阐释，此处不再列举

---

① 不同框架之间更完整的比较，请参见课程重构中心网站上的文件。

续表

P21 组织的技能框架	ATC21S 组织的技能框架	经合组织成人素养评价（PIACC）	经合组织国际学生评估计划（PISA）	教育部门、系和学校对P21组织的反馈＝"强调4C"＝课程重构中心的框架
信息素养	信息素养	互联网运用		
媒体素养				
信息和通信技术素养	信息和通信技术素养	电脑应用		
生活和职业技能	·在世界上生存 ·生活和职业			
灵活性和适应性				
首创性和自我导向		时间规划		
社会和跨文化技能	·公民——地区的和全球的 ·文化意识和竞争力			

来源：课程重构中心

来自政府部门、教育部门和学院的政策制定者的集中反馈[①]都指出，有必要采用简易的表述，使所建议的技能具有可行动性。由此，课程重构中心聚焦于4C：创造力（creativity）、批判性思维（critical thinking）、互动（communication）和合作（collaboration）。下面的内容分别审视了4C的每个部分，包括它的重要性和相应的认知科学教育研究。虽然我们分别阐述了技能和知识领域，但是知识必须加以应用方可推动有效的学习——所有这些技能的学习必须通过内容知识的学习，必须伴随着内容知识的学习。

创造力

想象力比知识更重要。知识是我们现在知道和理解的，而想象力包括整个世界，包括我们将来知道和理解的。

——艾伯特·爱因斯坦

传统上，创造力被认为与艺术和音乐等艺术性表达活动具有最直接的关系。如果说这种联系尚且是某种历史偏见的话，那么将创造力绝对等同于艺术就是一种错误，是一种艺术的偏见（art bias）。[②]

最近的研究显示，创造力是许多知识与技能不可或缺的部分，包

[①] 时任P21组织CEO的肯·凯（Ken Kay）和彼得·哈特协会（Peter Hart Associates）的民意测验专家杰夫·加林（Geoff Garin）的私下交流。
[②] M. A Runco and R. Richards, eds., *Eminent Creativity, Everyday Creativity, and Health*, (Greenwich, CT: Greenwood Publishing Group 1997).

括科学思维[1]，创业精神[2]，设计思维[3]，数学[4]。2010年，对来自60个国家和33家企业的15,000位CEO的调查发现，创造力被认为是应对日益复杂和不确定世界的最为重要的领导力[5]，创造力也是非常展现个人抱负的人类活动。在米哈伊·特米哈依（Mihaly Csikszentmihalyi）看来："大部分有趣和重要的人类东西都是创造出来的……当我们从事创造活动的时候，我们觉得我们的生活比其他时候都更充实。"[6]

有些国家已经开始围绕创造力（创造性解决问题，创意生成和设计思维等）和创新进行教育改革。2008年，英国中等学校的课程改革重视创意生成，评价过程的试点项目已经启动。欧盟将2009年视为"欧洲创造力和创新之年"（the European Year of Creativity and Innovation），开始举行会议，资助基于问题与项目的学习方式改革的教师培训。中国已经启动大规模的教育改革，用更基于问题与项目的学习方式取代传统的机械学习模式。[7]日本也开始实施教育和经济

---

[1] K. Dunbar, "How Scientists Think: On-Line Creativity and Conceptual Change in Science. Creative Thought: An Investigation of Conceptual Structures and Processes," in T.B. Ward, S.M. Smith and J. Vaid, eds., *Conceptual Structures and Processes: Emergence, Discovery, and Change* (Washington D.C: American Psychological Association Press, 1997).

[2] K. K Sarri, I. L. Bakouros, and E. Petridou, "Entrepreneur Training for Creativity and Innovation," *Journal of European Industrial Training* 34, no. 3 (2010): 270–288.

[3] K. Dorst and N.Cross, "Creativity in the Design Process: Co-Evolution of Problem–Solution," *Design Studies* 22, no. 5, (2001): 425–437.

[4] L. J. Sheffield, "Creativity and School Mathematics: Some Modest Observations," *Zdm* 45 no. 2 (2013): 325–332.

[5] IBM, *Capitalizing on Complexity: Insights from the Global Chief Executive Officer Study*, 2010, http://public.dhe.ibm.com/common/ssi/ecm/gb/en/gbe03297usen/GBE03297USEN.PDF.

[6] Mihaly Csikszentmihalyi, *Creativity: Flow And The Psychology Of Discovery And Invention* (New York: HarperCollins, 1997).

[7] P. Bronson, Merryman, "The Creativity Crisis." *Newsweek*, 2010, www.newsweek.com/creativity-crisis-74665.

改革，解决创造力问题。①

文献研究中提到的主要创造力模型将有创造力的个体界定为拥有发散性思维能力的人，涉及观念的数量、思维的流畅性、思维的灵活性和思维的原创性。② 图 4.2③ 分析了这几种思维品质以及它们在学生创造力测试例题上的表现结果。

以圆圈为绘制的线索，绘制时间2分钟

Anna	脸	脸	脸	脸	脸	最流畅 这种绘制样式的人数最多
Benji	脸	车轮	球			最灵活 大部分人的绘制样式
Cartol	车轮	车轮	球			
Darlene	炸弹	气球				最具原创性 最不寻常的绘制样式
Eric	脸	脸	脸			最细致 最具细节的绘制样式

图 4.2 创造力品质
来源：彼得·尼尔森，www.senseandsensation.com/2012/03/assessing-creativity.html

---

① Amy McCreedy, "The 'Creativity Problem' and the Future of the Japanese Workforce," *Asia Program Special Report* 121 (2004): 1–3.
② J. P Guilford, *Intelligence, Creativity, and Their Educational Implications* (San Diego, CA: Robert R. Knapp, 1968).
③ Peter Nilsson, "Four Ways to Measure Creativity," *Sense and Sensation Writing on Education, Creativity, and Cognitive Science*, 2012, www.senseandsensation.com/2012/03/assessing-creativity.html.

    这个创造力模型催生了各种各样旨在发展和测试创造力的发散性思维训练和测评。虽然文献中的观点有争议，然而一项大型的元分析研究[1]发现，虽然发散性思维任务测试和IQ测试具有某种程度上的相关性，但是前者比后者能更准确地预测创造性成就。

    从广义上而言，为创造力而教和为内容知识而教具有互补性。开放式、问题式的学习比只有一个正确答案的纸笔练习更有可能鼓励学生创造性地思考。激发人们以幽默的方式思考可以增加创造力，因为它提示大脑采用和现实并无必然联系的方式进行思考。[2] 通常，游戏对促进创造性思维也具有独特的适切性。[3]

    教授创造性思维时，记住创造性思维具有不同的发展水平是非常重要的。图4.3将不同水平的创造性活动组织在一起：从完美的模仿（没有新颖性）到稍纵即逝、完全原创性（高度新颖的形式和内容）的观点。表4.2描述了教师如何在课堂上培养学生的各种创造性能力。

---

[1] K. H. Kim, "Meta-Analyses of the Relationship of Creative Achievement to Both IQ and Divergent Thinking Test Scores," *The Journal of Creative Behavior* 42 no. 2 (2008): 106–130.
[2] A. Ziv, "The Influence of Humorous Atmosphere on Divergent Thinking," *Contemporary Educational Psychology* 8, no. 1 (1983): 68–75.
[3] S. W. Russ, "Play, Creativity, and Adaptive Functioning: Implications for Play Interventions," *Journal of Clinical Child Psychology* 27, no. 4 (1998): 469–480.

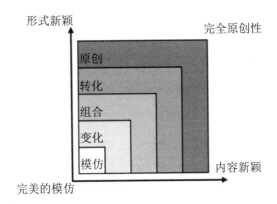

图 4.3　课堂中的创造性
来源：彼得·尼尔森，www.senseandsensation.com/2012/03/taxonomy-of-creative-design.html

表 4.2　创造性教学的课堂例子

创造性水平	定　义	课堂中的例子
模　仿	明显的复制。这是基本的技能，通常是更多创造性活动的起点。	背诵某个文学作品的片段，在课堂上大声朗诵。
变　化	改变作品的某一个和好几个特点，其他的部分还是完全的模仿。	用相同的语法结构重写某个文学作品中的句子，只改变内容和词汇。
组　合	将两个或更多的作品组合成一个新的作品。	以课堂中学习的简单机器为模型，制作一个鲁布·戈德堡机器（Rube Goldberg machine）。
转　化	将现有作品转化为一个不同的媒介或者表达方式。	基于课堂笔记，制作一个历史事件的年代表，要求分别绘制政治、社会和经济导火线。

续 表

创造性水平	定 义	课堂中的例子
原 创	创造一个新的作品，即使和前面作品有相关性的话，相关性也很低。	写一个短小的故事。

来源：课程重构中心，摘自彼得·尼尔森

虽然更具有开放性的作业要求更多的创造性，但是它们在教授创造性的活动中并不必然更有效果。如果学生没有形成必要的技能，过于开放性的作业将令学生难以应付，无法产生预期效果。教师应该基于所期待实现的学习结果设定驱动创新的有益边界。对富有挑战性的作业设定强制性要求也可增加对更具创造力方法的需求。

对学生来说，迎接 21 世纪的挑战，创造力很可能是他们要学习的最重要的技能，有必要想出应对 21 世纪挑战的创造性方法。

批判性思维

教育必须教会人们过滤和权衡证据的能力，必须使他们具备分辨对错、判断真假、辨识事实与杜撰的能力。由此，教育的功能是教会人缜密和批判地思考。

——马丁·路德·金

卓越批判性思维全国委员会（The National Council for Excellence in Critical Thinking）认为，批判性思维指的是"面对以观察、体验、反思、

推理和交流等途径获得或生成的信息，采用积极巧妙的概念化、应用、分析、综合和/或评价等方式，进行明智而有条理的加工，并以此作为信念和行动的指南"①。

虽然批评性思维包括了许多的思维活动，如问题解决、决策、研究、有效推理、系统思维和批判，但是，本质上，其"批判性"部分指的是提出疑问（questioning claims），而不是接受其表面价值。

历史学家威廉·格雷厄姆·萨姆纳（William Graham Sumner）是这样界定批判性思维的：

> 批判性思维是人审视和检验任何被要求接受的观点，判断其是否与事实存在相符。批判性能力是教育和培养的结果，是思维的习惯和能力。男性和女性受到批判性思维的训练是人类福利的最佳状态。它是可免除对我们自己及其地球环境产生错觉、欺骗、迷信和误解的唯一保证。②

教育中的批判性思维可追溯到苏格拉底。苏格拉底采用提问的方式鼓励他的学生澄清假设和肯定自己的主张，质疑那些似乎不言自明的问题，揭示推理中潜藏的偏见和逻辑跳跃。2400年后的今日，批评性思维依旧位于教育的优先位置。这种包括批判性思维的思考习惯，"执教大学入门课程的教师一致而坚定地认为，和高中时的特定知识内

---

① National Council for Excellence in Critical Thinking, "Defining Critical Thinking," www.criticalthinking.org/pages/defining-critical-thinking/766.
② W. G. Sumner, *Folkways: A Study of the Sociological Importance of Usages, Manners, Customs, Mores, and Morals* (New York: Ginn and Co., 1940): 632, 633.

容的教学同样重要,甚至更重要"①。

然而,事实和程序性内容已经使得当今课程不堪重负,加上批判性思维的教学内容本身难以被评价,因此它很难进入到当今的课程体系中。常见的情况是,学生需要学习如何考试,而考试技能却难以迁移到教育体制之外。教材也发挥了负面的作用,它将复杂的问题分离成易于管理的碎片,以至于学生无需具备很多有意义的批判性思维就可以应对。

对批判性思维之组成部分的最著名的描述来自布卢姆(Bloom)的教育目标分类学。从那时候起,许多研究得出了类似的结论,也有许多研究进行了不同的整理和描述。图4.4比较了一些分类方法,它们都采用渐进的方式描述教育目标,从知识获取的低层次(检索和记忆等)到更高级的理解和应用层次(分析、综合和评价等)。

教育目标分类学			
布卢姆(1956)	安德森和克莱斯万(Anderson & Krathwohl, 2011)	马尔扎诺和肯德尔(Marzano & Kendall, 2006)	国际学生评估项目(2000)
评价	创造	自我系统的思维	互动
综合	评价	元认知	建构
分析	分析	知识应用	评价
应用	应用	分析	综合
理解	理解	理解	管理
认识	记忆	检索	获取

图4.4 教育目标分类
来源:L·M·格林斯坦《评价21世纪技能》(*Assessing Twenty-First Century Skills*)

---

① D. Conley, *Toward A More Comprehensive Conception of College Readiness* (Eugene, OR: Educational Policy Improvement Center, 2007).

当代学习研究表明，所有这些层次可以有效地融入学习活动中，并不是布卢姆最初所设想的那样是序列型的。[1]

批判性思维的教学方式可以有很多种，从着力于辨识和实践批判性技能之必要组成部分的显性课程（explicit curriculum）到涉及信息阐释、部分与整体分析、分析与综合、证据评价、多元化视角的采纳、模式识别、抽象概念的掌握，不一而足。[2] 批判性思维的教学也经常和培养反思性或元认知思维习惯的教学紧密相关，难以区分，它们之间相互支持和促进。[3] 批判性思维教学面临的主要挑战是将其技能成功地迁移到学习之外的情境中。

互 动

虽然只有一些专业的核心要求是基于互动的（诸如新闻报道、心理治疗、演讲和教学），但是所有专业的常规要求中都包括不同形式的互动（沟通、教导、忠告、建立关系和化解冲突等）。[4] 实际上，从学

---

[1] From: L.W. Anderson and D. R. Krathwohl, eds. et al., *A Taxonomy for Learning, Teaching, and Assessing: A Revision of Bloom's Taxonomy of Educational Objectives*, (New York: Longman, 2001).

[2] L. M. Greenstein, *Assessing Twenty-First Century Skills: A Guide To Evaluating Mastery And Authentic Learning* (Thousand Oaks, CA: Corwin Press, 2012).

[3] D. Kuhn, "A Developmental Model of Critical Thinking," *Educational Researcher* 28, no. 2 (1999): 16–46.

[4] V. S. DiSalvo and J. K. Larsen, "A Contingency Approach to Communication Skill Importance: The Impact of Occupation, Direction, and Position," *Journal of Business Communication* 24, no. 3 (1987): 3–22.

前教育到医学院等各类研究情境都需要探究显性的互动教学。[1]

传统的班级作业，如论文写作和作演讲，经常是单向的，并不具有真正的交际互动性。无论其目标听众或观众（不是教师）是否能成功地理解其传递的信息，这类互动经常是无关紧要的。它不能有效地获得批判性思维的各类品质，如积极地倾听、清晰地思维和写作，有说服力地演讲。出于这个原因，合作任务（将在下面的合作技能部分讨论）是学习和评估真正的互动技能，并获得互动反馈的重要方法。

建构真实互动技能的另一方法是通过同侪辅导——学生辅导他们的同学或更小的学生。辅导不仅是推动互动技能发展的强有力的方法，而且为被辅导者的理解情况提供即时反馈，由此判断互动的成效。它还可以提升辅导者的努力程度[2]和角色的责任意识，推动其自我概念的发展[3]。

在今天的数字时代，互动技能越来越重要，也越来越多样化。许多学者已经注意到，在传统的读写素养目标中增加媒体素养目标的话，就有可能"（a）增进素养实践与学生的家庭文化和认知方式的关系，从而增加学习体验；（b）调和多样化的学习风格，满足多元文化学习的需求；（c）发展创造力、自我表达、小组合作和工作技能"[4]。随着时代的发展，我们可以从广泛而深入的视角，继续将互动视为一个关键的

---

[1] E. R. Morgan and R. J. Winter, "Teaching Communication Skills: An Essential Part of Residency Training," *Archives of Pediatric Adolescent Medicine* 150 (1996).

[2] C. C. Chase et al., "Teachable Agents and the Protégé Effect: Increasing the Effort Towards Learning," *Journal of Science Education Technology* 18, no. 4 (2015): 334–352.

[3] Vany Martins Franca et al., "Peer Tutoring Among Behaviorally Disordered Students: Academic and Social Benefits to Tutor and Tutee," *Education and Treatment of Children* (1990): 109–128.

[4] R. Hobbs and R. Frost, "Measuring the Acquisition of Media-Literacy Skills," *Reading Research Quarterly* 38, no. 3 (2015): 330–355.

技能，可应用到所有的知识领域和素养中。

合 作

世界日益复杂，解决多面问题的最好方法是与拥有不同技能、背景和视角的人开展合作。[1] 如果顺利的话，合作使群组作出的决策优于单个人的决策，因为它是集思广益和多方平衡的结果。[2] 另一方面，如果不够顺利的话，合作倾向于群体思维，效果不如单个人的决策。[3] 对科学领域的组织结构的探究揭示，术业有专攻的同时，跨学科工作通常对于促进知识和技术进步不可或缺。[4]

简而言之，合作是不同个体为实现一个共同目标而团结在一起。[5] 有研究证明，在课堂上教授合作策略的以下方法是有效的。

· 建立合作任务的群组协议和责任共识，为工作分工和努力协同打下基础。

· 教授倾听技能，为观点的分享、接受和应用创造空间。

· 教授提出好问题的艺术——特别是，开放式和启发思维的问题——推动知识扩展和不断趋近更好的解决方法。

---

[1] C. Miller and Y. Ahmad, "Collaboration and Partnership: An Effective Response to Complexity and Fragmentation or Solution Built on Sand?" *International Journal of Sociology and Social Policy* 20, no. 5/6 (2000): 1–38.

[2] J. Surowiecki, *The Wisdom of Crowds* (New York: Anchor Books, 2005).

[3] I. L. Janis, "Groupthink," *Psychology Today* 5, no. 6 (1971): 43–46.

[4] E. Leahey and R. Reikowsky, "Research Specialization and Collaboration Patterns in Sociology," *Social Studies of Science* 38, no. 3 (2008): 425–440.

[5] Wikipedia, "Collaboration," http://en.wikipedia.org/wiki/Collaboration.

·练习和展示沟通技能——耐心倾听、具有灵活性、表达协议的关键点、在压力之下保持清晰的思维——在充分合作的情境下非常有用。[1]

研究表明，合作学习能增加学习成果、课程内容的兴趣、自尊和多元的包容性。[2] 有许多不同的教学工具内嵌了合作学习。元分析研究表明，合作比个人或竞争性学习能更有效地获得学业成就。[3] 当学生合作学习时，他们对学校、科目领域、教师和合作学习伙伴均持更积极的态度。[4]

合作与本书讨论的其他技能也具有相互促进的协同关系，是互动的真实目标（上面已讨论），可推动批判性思维的发展[5]和创造性的提高[6]。

---

[1] R. Alber, "Deeper Learning: A Collaborative Classroom is Key," *Edutopia*, 2012, www.edutopia.org/blog/deeperlearning-collaboration-key-rebecca-alber.

[2] R. T. Johnson and D. W. Johnson, "Cooperative Learning in the Science Classroom," *Science and Children* 24 (1986): 31–32.

[3] D. W. Johnson, R. T. Johnson, and M. B. Stanne, "Cooperative Learning Methods: A Meta-Analysis," (2000), www.researchgate.net/profile/David_Johnson50/publication/220040324_Cooperative_Learning_Methods_a_Metaanalysis/links/00b4952b39d258145c000000.pdf.

[4] D. W. Johnson and R. T. Johnson, "*Cooperative Learning and Achievement*," In S. Sharan (ed.), *Cooperative Learning* (San Juan Capistrano, CA: Kagan Cooperative Learning, 1990).

[5] A. Gokhale, "Collaborative Learning Enhances Critical Thinking," *Journal of Technology Education* 7, no. 1 (1995):22–25.

[6] B. Uzzi, "Collaboration and Creativity: The Small World Problem," *American Journal of Sociology* 111, no. 2 (2005):447–504.

应用学习

技能意味着如何应用我们的所知。雇主非常需要上面分析的 4C 技能，它们是帮助学生深度理解知识的核心、推动学习向新情境迁移的关键。这些技能与内容知识不可分割，独立于内容知识基础的技能教学是令人无法想象的——例如，不可能批判地反思空无（nothing）。

课程重构中心完全支持这样一种理念，即知识和技能在良性循环中共同发展，如此，我们课堂上的知识方是创造力的源泉，是批判性思维与互动的主题，是合作的推动力。这样的话，我们才能够更好地应对当今世界的挑战，满足未来劳动力的新需求，坦然面对个体与社会理想在瞬息万变的世界中的磨难。

第五章
性格维度

我们进化了将导致人类灭亡的特征，因此，我们必须学会如何化解它们。

——克里斯汀·德·迪夫

为什么培养性格品质？

从远古时代开始，教育目标一直是培养自信和具有同情心的学生，使他们成为学习成功者，为社区作出贡献，作为有道德的公民为社会服务。性格教育是关于获得和强化美德（性格）与价值观（信念和理想）的教育，它培养学生为圆满的生活和繁荣的社会作出明智选择的能力。

直面21世纪的挑战要求持续不断地努力促进个体健康发展，锻炼他们作为全球公民履行社会与社区责任的能力。为了判断世界发展状态，千年计划（The Millennium Project）在全球范围内跟踪了30个指标的变化状况[1]，辨识"我们的成功、失败和不明确/微小改变之处"。

---

[1] J. C. Glenn, T. J. Gordon, and E. Florescu, "State of the Future," *World Federation of United Nations Associations*, (2007), http://futurestudies.az/pdf/SOF_2008_Eng.pdf.

非常令人担忧的领域，诸如环境问题、腐败、恐怖主义和收入不平等，折射了人性的丧失，是伦理与性格造就的显著后果。（见图 5.1）

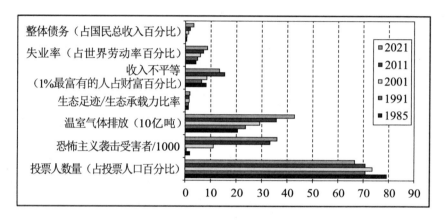

图 5.1　千年计划：分析人类的失败之处
来源：2012 年千年计划

同时，科学和技术进步是一把双刃剑。虽然它们为全球合作和进步提供了更多的机会，但是它们也创造了新的伦理危机，例如能源消耗、杀虫剂、基因转变和更广泛意义上的追求物质进步的现代价值范式。①

全球雇主也坚定地相信性格教育的重要性。隶属于经合组织的商业和工业咨询协会（the Business and Industry Advisory Council, BIAC）开展了一项全球调查②，其调查对象为雇主组织，他们来自

---

① R. Eckersley, "Postmodern Science: The Decline or Liberation of Science?" *Science Communication in Theory and Practice* eds. Susan M. Stocklmayer, Michael M. gore, Chris Bryant, Boston: Kluwer Academic Publishers (2001): 83–94.
② Business and Industry Advisory Council, http://biac.org/wp-content/uploads/2015/06/15-06-Synthesis-BIAC-Character-Survey1.pdf.

奥地利、澳大利亚、巴西、丹麦、法国、匈牙利、爱尔兰、意大利、韩国、拉脱维亚、墨西哥、新西兰、瑞士、斯洛文尼亚、英国和美国。80%的受访者表示，性格教育正在成为一个重要的问题；100%的受访者反映，教育体系应该采取行动改进性格教育。

正是通过强烈的个人和伦理责任意识，学生——我们未来的公民才能更好地作出聪明的决定，解决我们时代的危机。

性格教育的目标

有三个经常被引用的、广泛的性格教育目标——它们能够：

- 建立终身学习的基础
- 支持家庭、社区和工作场所的成功的人际关系
- 发展可持续参与全球事物的个人价值和美德

我们人类的相互依赖性是我们的长处，也是我们的短处。诺贝尔奖获得者克里斯汀·德·迪夫（Christian de Dure）说："我们进化了将导致人类灭亡的特征（例如群体的自私），因此，我们必须学会如何化解它们。"[①]实际上，我们共同的幸福建立在我们个人的意识上。正如联合国教科文组织未来论坛所强调的[②]："我们完全有理由再次强调道德和文化维度的教育……这个过程必须通过……知识、沉思

---

① C. De Duve and N. Patterson, *Genetics Of Original Sin: The Impact Of Natural Selection On The Future Of Humanity* (New Haven, CT: Yale University Press, 2010).

② UNESCO, *Learning: The Treasure Within*, 1996, Report from the International Commission on Education in the Twenty-First Century.

和自我批判的实践,从自我理解开始。"

作为当代教育目标的性格发展有时候和所教授的宗教相混淆,因为它们具有一些共同的目标。宗教的视角对教授性格品质不是必然的,注意到这一点是非常重要的。虽然宗教研究可能支持性格教育,但是它有可能给今天日益多元化、世俗化和全球化的世界平添复杂性和争议性。在有些国家,正规的公立教育和宗教发展是完全分开的,而在另一些国家,它们则紧密相关,还有很多国家处于这两者之间,各自偏向不同。

有人可能认为,教授儿童优秀性格品质的工作应该由宗教领导者和家庭承担。然而,学校不可能回避发展儿童的社会和伦理价值观,它们是儿童教育发展不可或缺的部分,意识到这一点非常重要。我们在教育维度中强调的价值观与现代社会的所有人相关。的确,家庭生活和校外活动经常体现出这种教育价值观,但是我们相信,鉴于性格品质在学生迎接21世纪挑战中的重要性,教授和学习性格品质所当然成为官方课程的优先组成部分。

研究表明,除了知识和技能的学术学习,学生的能力是学业成就的重要预测变量[1],对工作和市民生活的成功具有基础性的作用。某些知识和技能在将来工作中可能用不上,然而性格品质必将展现在广泛的职业领域、家庭与社区的日常生活中。

---

[1] For a review, see Camille A. Farrington et al., *Teaching Adolescents to Become Learners: The Role of Noncognitive Factors in Shaping School Performance—A Critical Literature Review*. Consortium on Chicago School Research. 1313 East 60th Street, Chicago, IL 60637, 2012.

六种性格品质

我们完全有理由再次强调道德和文化维度的教育……这个过程必须通过……知识、沉思和自我批判的实践,从自我理解开始。

——联合国教科文组织 21 世纪国际教育委员会 1996 年报告①

首先,我们立马想到的是:性格包括能动性、态度、行为、性情、思维习惯、人格、气质、价值观、信念、社会和情感技能、非认知技能和软技能。②性格,虽然有时候被认为具有非教育的含义,但所有文化均认可它是个简洁和具有包容性的术语。

性格品质(我们的言行举止和为人处世的方式)和技能(有效应用所知的能力)不同。21 世纪的技能(4C,即创造性、批判性思维、互动和合作)③是习得和应用知识、取得工作成就和进行公民生活的基础④,但知识和技能完全不足以为学生迎接未来的挑战作好准备,而性格品质可以更好地预言学生未来学习、富有成效的工作与职业、积极承担公民责任等方面的成功。⑤

为什么是性格品质?"品质"(traits)一词使人联想到坚定(fixed)

---

① 更多信息登陆:www.unesco.org/new/en/education/themes/leading-the-international agenda/rethinkingeducation/visions-of-learning。
② 注意,我们不支持非认知技能或者软技能的错误使用。
③ Bernie Trilling and Charles Fadel, *21st Century Skills* (San Francisco, CA: Wiley and Sons, 2009).
④ The Conference Board "Are They Really Ready to Work?" *AMA Critical Skills Survey*, PIAAC program (OECD).
⑤ Arthur E. Poropat, "Other-Rated Personality and Academic Performance: Evidence and Implications", *Learning and Individual Differences*, 34 (August 2014): 24–32. See also: Paul Tough, *How Children Succeed: Grit, Curiosity, and the Hidden Power of Character* (New York: Mariner Books, 2013).

和永恒（immutable）。神经心理学的研究表明，学习可高度塑造和调节我们的大脑，在不同程度上形成和发展很多性格品质。[①] 因此，性格品质是教育目标不可或缺的部分——它们能够且应该通过训练被掌握和得到磨炼。和其他类似的框架，如"大五人格"（Big 5）[②] 不同，我们认为这些性格品质通过体验（exposure）和训练在一生中是可变化的。我们感兴趣的是认知机制，而不是描述人格特征的跨文化视角的术语。

迄今为止，在性格品质维度的可行性教育目标方面，人们尚没有找到一个可满足所有标准的综合与清晰的框架。由此，课程重构中心综合了来自世界各地的许多框架，包括：

· 伦理与品格促进中心（Center for the Advancement of Ethics and Character，CAEC）

· 品德至上联盟（Character Counts! Coalition）

· 性格教育网（CharacterEd.Net）

· 性格教育伙伴（Character Education Partnership）

· 中国教育部（China Ministry of Education）

· 直面历史和我们自己（Facing History and Ourselves）

· 知识就是力量项目学校（KIPP Schools）

· 21世纪学习伙伴（P21）

· 皇家艺术学会（Royal Society for the Arts）

· 新加坡教育部（Singapore Ministry of Education）

· 韩国教育部（South Korea Ministry of Education）

---

① T. Lickona, *Character Matters: How to Help Our Children Develop Good Judgment, Integrity, and Other Essential Virtues* (New York: Simon and Schuster, 2004).

② Wikipedia, https://en.wikipedia.org/wiki/Big_Five_personality_traits.

- 成功基因（Success DNA）
- 瑞典教育部（Sweden Ministry of Education）
- 泰国教育部（Thailand Ministry of Education）
- 杨氏基金会（Young Foundation）

课程重构中心的性格框架还体现了一些思想领袖的教育哲学，如霍华德·加德纳（Howard Gardner）[1]、罗伯特·斯腾伯格（Robert Sternberg）[2]和埃德加·莫兰（Edgar Morin）[3]的。他们的主要思想体现在表 5.1 中。

表 5.1 性格的核心要素

加德纳	斯腾伯格	莫 兰
·守 纪 ·综 合 ·创 造 ·恭 敬 ·有道德	·务 实 ·善于分析 ·创造性 ·智 慧	·具备相关性知识 ·直面不确定性 ·发现错误 ·相互理解 ·适应人类的发展现状 ·具备人类的道德标准

来源：课程重构中心

2014 年底，我们收集了全球 500 多位教师的观点，再次对性格维度的要素进行了修正。

---

[1] Howard Gardner, *Five Minds for the Future*, (Cambridge, MA: Harvard Business Review Press, 2009).
[2] R. J. Sternberg, *Wisdom, Intelligence, and Creativity Synthesized* (New York: Cambridge University Press, 2003).
[3] E. Morin, "Seven Complex Lessons in Education for the Future," UNESCO (1999).

表 5.2 是课程重构中心研究的六个基本品质和许多与之紧密相关的术语。① 有必要明确的是，这些术语无法穷尽，文献研究还表明相同的术语经常用于表述不同的品质（不同的术语也用于表示相同的品质），这使得该领域的研究一直处于学术争论中。

表 5.2 性格的重要特征

基本特征	相关特征和概念（并非详尽）
心智觉知	自我意识、自我实现、观察、反思、意识、同情、感谢、共鸣、成长、想象力、洞察力、镇定、幸福、风度、真实、倾听、分享、关联性、相互依赖性、同一性、接纳、美、感受力、耐心、宁静、平衡、灵性、存在性、社会意识、跨文化意识等
好奇	开放思维、探究、激情、自我导向、动机、主动性、创新、热情、好奇、欣赏、自发性等
勇气	勇敢、决心、刚毅、自信、敢于冒险、坚持、韧性、热情、乐观、灵感、能量、活力、热诚、高兴、幽默等
顺应力	毅力、决心、不屈不挠、足智多谋、胆量、自我约束、努力、勤奋、承诺、自我控制、自尊、信任、稳定性、适应力、应对不确定性、灵活性、反馈等
道德标准	仁爱、慈悲、正直、敬意、正义、平等、公平、同情、善良、利他、包容、容忍、接纳、忠诚、诚实、坦率、可靠、真挚、真实、可信赖、正派、体谅、宽容、善行、爱、关爱、助人、慷慨、慈善、奉献、归属等
领导力	责任、克制、义务、可靠、信赖、尽责、无私、谦卑、谦虚、自我反思、灵感、组织、代表的权力、贤明顾问、承诺、英雄主义、魅力、追随、投入、以身作则、目标导向、关注焦点、结果导向、准确、执行、效率、沟通、一致性、社会性、多样性、恪守礼仪等

来源：课程重构中心

---

① 同时，我们发现，道德行为（behavior）和道德践行（performance）很难区分，是部分重叠的。由此，区分人际的（interpersonal）和内心的（intrapersonal）也没有必要。

在接下来的部分中，我们将重点讲述与这六个性格品质相关的文献研究。第七章"简述如何实施四个维度的教育"将概述如何教授这些性格品质。

心智觉知

> 自我意识、自尊、自我实现、成长、想象力、洞察力、观察、意识、同情、倾听、风度、分享、关联性、共鸣、感受力、耐心、接纳、欣赏、镇定、平衡、灵性、存在性、同一性、美、感恩、相互依赖性、幸福等。

心智觉知的实践来自东方的灵性哲学（Eastern spiritual philosophy）。1784 年，英国学者将它从梵文翻译成英文，对各领域的西方思想者均产生了巨大的影响。在美国，二战之后，特别是禅宗佛教激发了知识分子和普通民众的兴趣和行动。[1] 除了发挥精神作用，心智觉知还成功地被用于临床治疗（治疗压力、慢性疼痛、焦虑、抑郁、边缘型人格障碍、饮食障碍和成瘾），教育者也逐渐在实践中用它来帮助学生减轻压力和增强注意力，提高学生的日常生活质量。[2]

心智觉知的定义是"当下有意识地、不加评价地观察时时刻刻产生的全部体验时涌现出的一种意识"[3]。虽然通过沉思技术训练心智觉知很常见，但是它们不应被看作是一件相同的事情，因为心智觉

---

[1] D. McCown, D. Reibel, and Marc S. Micozzi, *Teaching Mindfulness: A Practical Guide for Clinicians and Educators* (New York: Springer, 2010).

[2] K.E. Hooker and I. E. Fodor "Teaching Mindfulness to Children," *Gestalt Review* 12, no. 1 (2008): 75–91.

[3] J. Kabat-Zinn, *Full Catastrophe Living: Using the Wisdom of Your Body and Mind to Face Stress, Pain, and Illness* (New York: Delacorte, 1990).

知可以通过任何日常体验进行训练,如吃饭、步行和开车,等等。

哈佛大学心理学家艾伦·兰格(Ellen Langer)公开指出,传统观点中的"一分辛劳一分收获"——学习伴随着反复的训练,持续的学习和长期的关注——适合完全静态的和可预测的情境。对于我们现在所处的不断变化的环境而言,心智觉知教育与其更相关,实施效果更好。[1]研究表明,心智觉知训练可以提升注意力和关注度,改善记忆力、自我接纳、自我管理技能和自我理解[2],尽管效果经常受到争议。它还与"更高的积极情感效果、活力、生活满意度、自尊、乐观主义和自我实现"有关,也与"更大的自主性、竞争力和亲密感"有关[3]。还有些研究认为,心智觉知是一种应对苦恼的机制[4],是与全球危机抗争的方法,是因为缺乏将知识转化为个人和集体行动的更好方式而无奈应对迫在眉睫之危机的举措。[5]即使是短暂的心智觉知沉思训练也可减少疲劳和焦虑,改善视觉—空间加工、工作记忆和执行功能。[6]

---

[1] E. J. Langer, "A Mindful Education," *Educational Psychologist* 28, no. 1 (1993): 43–50.

[2] I.E. Fodor, and K. E. Hooker. "Teaching Mindfulness to Children," *Gestalt Review* 12, no. 1 (2008): 75–91.

[3] K. W. Brown and R. M. Ryan, "The Benefits Of Being Present: Mindfulness And Its Role In Psychological Well-Being," *Journal of Personality and Social Psychology* 84, no. 4 (2003); 822–848.

[4] D. Orr, "The Uses Of Mindfulness In Anti-Oppressive Pedagogies: Philosophy And Praxis," *Canadian Journal of Education* 27, no. 4 (2014): 477–497.

[5] H. Bai, ("Beyond Educated Mind: Towards a Pedagogy of Mindfulness," in *Unfolding Bodymind: Exploring Possibilities Through Education*, eds. B. Hockings, J. Haskell, and W. Linds (Brandon, VT: The Foundation for Educational Renewal, 2001), 86–99.

[6] F. Zeidan et al., "Mindfulness Meditation Improves Cognition: Evidence of Brief Mental Training," *Consciousness and Cognition.* (2010)

好奇心

> 开放思维、探究、激情、自我导向、动机、主动性、创新、热情和自发性等。

> 我没有特殊的才能,我只是有强烈的好奇心。
> ——艾伯特·爱因斯坦

对好奇心作为性格品质的早期讨论可追溯到西塞罗(Cicero),他说:"好奇心是天生热爱学习和知识,不受任何利益的诱惑。"[1]亚里士多德认为,好奇心是对知识的内在渴望。[2] 现代心理学采用几种不同的方法研究好奇心,包括审视其起源、情境因素、重要的相关因素及其与动机的关系。

研究认为,好奇心是种特征(一般能力)和状态(对情境的敏感性和受经验影响)。它既是内在的(自我平衡的)动力,也是对外在暗示(诱发的刺激)的回应。[3] 好奇心也被视作一种驱力(相对于饥渴),推动个体将不确定性的不愉快降到最低。对有机体——从蟑螂到猴子,再到人类——的行为研究表明,当有机体的感觉输入被剥夺的时候,他们将寻求信息满足他们对知识的渴望,正如水可以满足生理需求一样。

好奇心也被描述为对有违期望(抑或有违感知或概念冲突)的

---

[1] Cicero, *De Finibus Bonorum et Malorum*, H. Rackham, trans. (Cambridge, MA: Harvard Press, 1914).

[2] Aristotle, *Metaphysics* (Cambridge, MA: Harvard University Press, 1933).

[3] G. Lowenstein, "The Psychology of Curiosity: A Review and Reinterpretation," *Psychological Bulletin* 11, no. 1 (1994):75–98.

一种回应①，其好奇程度呈倒置的U形曲线，最大数量的好奇心，即峰值，出现在如下情境：我们知道的信息量很多，足以引发我们的兴趣，我们吃惊于我们的经验，但是我们依旧不确定如何最好地理解情境。②三个不同领域的研究者分别推出了好奇心的最佳唤起模型（optimal arousal model）：赫布（Hebb，研究神经科学）、皮亚杰（Piaget，研究发展心理学）和亨特（Hunt，研究动机）。也有研究者将好奇心置于范围更广的动机模型中，关注解决不确定性的驱动力。③

好奇心模型既是基于直觉的，也得到研究的支持：我们的本能总是试图理解我们周围的世界，这就是好奇心。它特别受到特定个体能力和当下问题难度的交互性影响。④它和一些著名的心理学概念有关系，诸如认知失调（cognitive dissonance）、模糊厌恶（ambiguity aversion）和格式塔心理学原理（principles of Gestalt psychology）。

建立在上述发现、模型、相关性和观察研究之上的信息代沟（information-gap）理论⑤认为好奇心来自对人已知的和想要知道的两者之间代沟的关注。兴趣/剥夺理论综合了欲望和奖励神经科学理论与好奇心模型的各种观点，宣称好奇心包括积极的兴趣感的产生和消极的不确定性感的降低。

一项最新的功能性核磁共振成像（fMRI）研究⑥发现，好奇心越

---

① D. E. Berlyne, *Conflict, Arousal and Curiosity* (New York: McGraw-Hill, 1960).

② Lowenstein, "The Psychology of Curiosity: A Review and Reinterpretation," 75-98.

③ J. Kagan, "Motives and Development," *Journal Of Personality And Social Psychology* 22, no. 1 (1972): 51.

④ N. Miyake and D. A. Norman, "To Ask A Question, One Must Know Enough To Know What Is Not Known," *Journal of Verbal Learning and Verbal Behavior* 18, no. 3 (1979): 357–364.

⑤ Lowenstein, "The Psychology of Curiosity," 75–98.

⑥ K.M. Jeong et al., "The Wick in the Candle of Learning Epistemic Curiosity Activates Reward Circuitry and Enhances Memory." *Psychological Science* 20, no. 8 (2009): 963–973.

强烈，参与者为了获得答案愿意付出的资源（时间或代币）越多，且和其他大量的研究证据一样，他们在以后越有可能记住这些信息。好奇心的产生与负责预期回报、错误预测和记忆的大脑部位的激活有关，两者的强度也具有匹配性。

勇 气

> 勇敢、决心、刚毅、自信、敢于冒险、坚持、韧性、热情、乐观、灵感、能量、活力、热诚、高兴、幽默、坚定等。

世界上没有什么值得拥有或者值得去做的，除非它意味着努力、汗水和困难……我一生中从来没有嫉妒那些过着轻松生活的人。我嫉妒曾历经生活困苦和成功战胜这些困苦的人们。

——西奥多·罗斯福

勇气可以看作是发生在以下情境中的行动能力：一个人尽管害怕和感到不确定，尽管在危险的情况下，尽管感到脆弱，但是他依旧采取行动，这就是勇气。① 勇气可能会使人走向极端，潜藏着毁灭性的后果，但同时，适度的勇气有助于个人在职业、社会和个人生活上取得成功。

一个常被引用的专业例子是企业家精神（entrepreneurship）。对企业家自我评估的量表分析表明他们并没有显著的冒险行为，但是研究

---

① Brené Brown, *Daring Greatly: How the Courage to be Vulnerable Transforms The Way We Live, Love, Parent, and Lead* (New York: Penguin, 2012).

发现他们具有足够的勇气：

> ……多维分析结果显示，面对模棱两可的商业场景，企业家比其他被试者表现出显著的积极性；而一维分析显示，这些感知的差异具有一致性和显著性——也就是说，企业家感知更多的是优势而非劣势，是机会而非威胁，是潜在的商业成就而非商业机遇的恶化。[①]

实际上，一项研究将组织失败的原因归结为"缺乏勇气"，因为负责的人都没有采取行动阻止失败。[②]

研究得出的普遍结论是，青少年的冒险行为多于儿童或成年人[③]，男性多于女性[④]。同样明显的是，勇气的能力是不固定的，可以通过恰当的学习经验得到培养。

勇气可以被看作是一种主观体验，即一个人克服恐惧，选择面对不确定性采取行动。在勇气的精神状态中，由于"负面情绪导致个体无意采取特定的行动，负能量充斥了他的精神和肉体，为了摆脱出

[①] L. E. Palich and D. Ray Bagby, "Using Cognitive Theory To Explain Entrepreneurial Risk-Taking: Challenging Conventional Wisdom," *Journal of Business Venturing* 10, no. 6 (1995): 425–438, doi:10.1016/0883-9026(95)00082-J.

[②] C. R. Rate and R.J. Sternberg, "When Good People Do Nothing: A Failure Of Courage," *Research Companion to the Dysfunctional Workplac.* (Edward Elgar Publishing Limited, 2007): 3–21.

[③] L. Steinberg, "Risk Taking in Adolescence: New Perspectives From Brain and Behavioral Science," *Current Directions in Psychological Science* 16, no. 2, (2007): 55–59.

[④] J. P. Byrnes, D. C. Miller, and W. D. Schafer, "Gender Differences in Risk Taking: A Meta-Analysis," 125 no. 3 (1999):367–383.

来"[1]，个体必须发展三种积极的内在特征，即对经验保持开放、尽责以及推动自我效能的自我评价策略。[2]

顺应力

> 毅力、足智多谋、不屈不挠、决心、胆量、魅力、信任、适应力、应对不确定性、灵活性、自我约束、承诺、自我控制、反馈、努力、勤奋等。

> 生存的最大荣耀不在于永不失败，而是每次倒下时再站起来。
> ——纳尔逊·曼德拉

顺应力最为基本的表现形式可以看作是克服阻力的一种能力或者一系列品质。顺应力是好几个世纪以来在各种文化中流传的白手起家故事的核心。它通常指的是某些特定个体在他人不能成功的情境下取得成功的能力。有篇论文追溯了顺应力研究的发展历史和对顺应力特点的探讨，它将顺应力看作是"一种动态过程，一种在显著负面情境中积极适应的动态过程"[3]。"动态过程"这一界定高度强调了这样一个事实，即凡是影响人们在逆境中是否成功的心理因素均可用该词表示。

顺应力的一个重要组成部分是决心。安吉拉·达克沃斯（Angela

---

[1] B.L. Fredrickson, "The Role Of Positive Emotions In Positive Psychology: The Broaden-And-Build Theory Of Positive Emotions," *American Psychologist* 56 (2001): 218–226.

[2] S. T. Hannah, P. J. Sweeney, and P. B. Lester, "Toward A Courageous Mindset: The Subjective Act And Experience Of Courage," *The Journal of Positive Psychology* 2, no. 2 (2007): 129–135.

[3] S. S. Luthar, D. Cicchetti, and B. Becker, "The Construct of Resilience: A Critical Evaluation and Guidelines for Future Work," *Child Development* 71 (2000): 543–562.

Duckworth）和其同事关于"决心"的著名研究认为，决心是"对长期目标的毅力和激情"。他们发现"一个人是否成功，平均而言，决心起到了4%的作用"[1]。

三个被认为可影响学校、社区和社会支持体系中青少年顺应力的积极因素[2]是：

- 关爱的关系
- 高度期待的互动
- 有意义投入与参与的机会

由于顺应力主要与克服其他人难以克服的负面条件有关系[3]，许多关于顺应力的早期研究关注高危社区和学习体制下的样本群组。有大量的研究将顺应力看作学生是否有可能在高危情境中取得成功的关键因素。这种将顺应力看作积极品质的研究取向使得许多研究者质疑某些高危情境模型的效度。[4][5] 推动顺应力发展的方法包括激发积极因素和减少风险因素，当今的许多研究倾向于关注前者。换言之，这种取向认为，顺应力和所有的学生有关，而不仅是那些被认为处于

---

[1] A. Duckworth et al., "Grit: Perseverance and Passion for Long-Term Goals," *Journal of Personality and Social Psychology* 92, no. 6 (2007): 1087–1101.

[2] B. Benard, "Fostering Resilience in Children," ERIC Digest (1995).

[3] P. Rees and K. Bailey, "Positive Exceptions: Learning from Students who 'Beat the Odds,'" *Educational and Child Psychology* 20, no. 4 (2003): 41–59.

[4] N. Garmezy and M. Rutter, Stress, *Coping and Development in Children* (New York: McGraw-Hill, 1983).

[5] E. Werner, "Protective Factors and Individual Resilience," in S.J.S. Meisels. ed., *Handbook of Early Childhood Intervention* (Cambridge, UK: Cambridge University Press, 1990).

高危状态中的学生,这是当下顺应力研究的主流。[1]

道德标准

> 慈悲、善良、敬意、正义、平等、公平、同情、容忍、包容、正直、忠诚、诚实、坦率、可信赖、正派、可靠、真挚、体谅、宽容、善行、爱、关爱、助人、慷慨、慈善、奉献、归属等。

> 培养人的思维,而不培养人的道德,就是培养危害社会的人。
> ——西奥多·罗斯福

道德发展(moral development)研究由让·皮亚杰和约翰·杜威(John Dewey)开创,劳伦斯·科尔伯格(Lawrence Kohlberg)和卡罗尔·吉利根(Carol Gilligan)拓展了相关研究领域。绝大部分的道德发展研究表明,道德标准是可教授的性格品质。主要的观点是,儿童的道德发展需要通过不同的道德推理阶段,从前习俗水平(服从和惩罚、自我利益导向)、习俗水平(寻求人际和谐与认可,服从权威和遵守社会秩序),向后习俗水平(社会契约导向、普遍伦理原则)发展。[2]

杜威认为:"教育是向儿童提供发展的条件,这种条件使儿童的

---

[1] C. Cefai, *Promoting Resilience in the Classroom: A Guide to Developing Pupils' Emotional and Cognitive Skills* (London:Jessica Kingsley Publishers, 2008).

[2] L. Kohlberg, *The Philosophy Of Moral Development: Moral Stages And The Idea Of Justice (Essays On Moral Development, Volume 1)* (San Francisco: Harper and Row, 1981).

心理机能以最自由和最全面的方式走向成熟。"① 鼓励道德发展的环境很多，诸如提供群体参与的机会、共同作出决策和承担行动后果的责任。② 科尔伯格提出教室中有益于道德讨论的三个条件：

· 提出更高水平的推理要求。
· 设置与学生当下道德结构产生冲突的问题，使学生不满意自己当下的道德水平。
· 就前两个情境展开交互和对话，以开放的方式比较相互矛盾的道德观点。③

必须指出，道德知识并不必然导向道德行为。道德行为高度依赖情境，就其本身而论，它包括动机和情感，包括像勇气这样的必要品质，还有可学习的高尚道德榜样。

一项将道德推理阶段和意志力与普遍存在的作弊行为相关联的研究发现，15%处于后习俗阶段的被试有作弊行为（相比于55%习俗阶段的被试和70%前习俗阶段的被试）。特别值得指出的是，在习俗阶段，相对于74%被研究认为意志力薄弱的被试，26%意志力坚强的被

---

① J. Dewey as cited in L. Kohlberg and R. H. Hersh, "Moral Development: A Review of the Theory," *Theory into Practice* 16, no. 2, (1977): 53–59.

② L. Kohlberg, "Moral Stages, Moralization: the Cognitive Developmental Approach," In: T. Lickona, ed. *Moral Development And Behavior* (New York: Holt, Rinehart, Winston, 1976), 54 as cited in R. M. Krawczyk, "Teaching Ethics: Effect on Moral Development," *Nursing Ethics* 4, no. 1 (January 1997): 57–65.

③ L. Kohlberg, "The Cognitive-Developmental Approach to Moral Education," *The Phi Delta Kappan* 56, no. 10 (1975): 670–677.

试有作弊行为。[1] 由此,认为道德是一种性格品质而非一个知识领域是恰当的,虽然从事内含道德原则的科目领域(如生物伦理)研究可能对道德行为有一些影响。

领导力

> 责任、英雄主义、克制、义务、无私、谦卑、灵感、正直、组织、代表的权力、团队合作、贤明顾问、承诺、投入、以身作则、目标导向、一致性、自我反思、社会意识、跨文化意识、值得信赖、可靠、尽责、效率、工作能力、结果导向、关注焦点、准确、项目管理、执行、社会性、沟通、多样性、恪守礼仪等。

> 太上,不知有之;其次,亲而誉之;其次,畏之;其次,侮之。信不足焉,有不信焉。悠兮,其贵言。功成事遂,百姓皆谓"我自然"。
>
> ——老子

组织需要具备有效率的领导者是毋庸置疑的,然而领导力所包含的理念以及传授这些理念的方法却处于变化之中。传统观点将领导者看作是非凡的、有魅力的和超级英雄般的个体,以独自裁决的方法激励下属为统一而固定的组织利益采取行动。这种传统观点属于系统控

---

[1] R. L. Krebs and L. Kohlberg, "Moral Judgment And Ego Controls As Determinants Of Resistance To Cheating," *Moral Education Research Foundation, (1973)* quoted in Kohlberg, "The Cognitive-Developmental Approach to Moral Education," 670–677.

制框架（a systems control framework），和组织的普遍机械论相一致，副职被看作是下属，领导被看作是专家，专家试图最大化控制和激励下属以某种特定的方式采取行动，达成组织目标和使命。[1]

但是这种观点还意味着，领导力是为特殊个体预定的（绝大部分人难以企及），在很大程度上是天生的和不可教的。有些研究者与其持不一样的观点，他们看重的是静悄悄的领导力（quiet leadership）[2]，认为成功的领导者经常不符合对传统英雄的描述，相反他们可能是"害羞的、含蓄的、拘谨的和谦虚的，但同时又具有远大的组织抱负，而非个人的抱负"[3]。

与上述形成对比，最新的领导力过程—关系框架（process-relational framework of leadership）强调，组织是社会结构，"因为人们处于彼此的关系之中，受到文化的影响，这种结构可不断激发人们寻求意义和采取行动"[4]。在这种观点看来，领导力不是某个独立的行为或属于某个独立的个体，而是一系列的过程、实践和交互[5]，完整的控制是不可能的，也是不理想的状态……领导者和其他每个人一样，必须持续理解

---

[1] A. Hay and M. Hodgkinson, "Rethinking Leadership: A Way Forward for Teaching Leadership?" *Leadership and Organization Development Journal* 27, no. 2 (2006): 144–158.

[2] J. L. Badaracco, "We Don't Need Another Hero," *Harvard Business Review* 79, no. 8 (2001): 121–126.

[3] J. Collins, "Level 5 Leadership: The Triumph Of Humility And Fierce Resolve" *Harvard Business Review* 79, no.1 (2001): 67–76.

[4] T. J. Watson, *Organizing and Managing Work*, Prentice Hall: London (2002): 6, quoted in A. Hay and M. Hodgkinson, "Rethinking Leadership: a way forward for teaching leadership?" *Leadership and Organization Development Journal* 27, no. 2 (2006).

[5] L. Crevani, M. Lindgren, and J. Packendorff, "Leadership, Not Leaders: On The Study Of Leadership As Practices And Interactions," *Scandinavian Journal of Management 26*, no. 1 (2010); 77–86.

各种观点和经常相互矛盾的目标与信息,他们需要的技能(诸如沟通和提出有洞察力的问题)是可学习的,也是实用的。① 这种框架认为团体过程比个体观点更重要,具有更大限度的灵活性和不确定性。

这个框架也符合时下的复杂系统科学模型。该模型是最佳的管理实践模型,认为个体领导者推动团体的过程和关系,而非从上至下地强加自己的观点,也非将组织的能力限定为个体领导者的能力。② 这种领导力的概念发生了转向,不再强调个人英雄,而是强调关系、集体主义和非权威模式。它使得决策更细致和深刻,在应对世界的日益复杂性和不确定性方面,具有更大的灵活性。一个被广泛接受的教授领导力的模型将领导力界定为"在关系和伦理的过程中形成积极共变的团体"③。这种关系领导力模型涵盖包容的、赋权的、有目标的、伦理的、注重过程的维度。

---

① Hay and Hodgkinson, "Rethinking Leadership" (2006).
② Y. Bar-Yam, "Complexity Rising: From Human Beings To Human Civilization, A Complexity Profile," *Encyclopedia of Life Support Systems* (EOLSS UNESCO Publishers, Oxford, UK, 2002).
③ S. R. Komives, N. Lucas, and T. R. McMahon, *Exploring Leadership: For College Students Who Want to Make a Difference*, 2nd ed. (San Francisco: Jossey-Bass/Wiley, 2006).

第六章
元学习维度

21世纪的文盲不是不能阅读和写作,而是不会学习、不会忘却和不会再学习的人。

——心理学家赫尔伯特·杰尔居埃,转引自未来学家阿尔夫·托夫勒的《未来冲击》①

除了重构21世纪必须具备的相关知识、技能和性格品质,我们相信还需要教育的元层面,学生由此可训练反思、了解自己的学习,内化鼓励自己努力奋斗的发展的心态(growth mindset),学习如何基于目标调整学习与行为。经合组织将其定义为反思的维度。欧盟核心素养参考框架(The EU Reference Framework of Key Competencies),休利特基金的深度学习素养(Hewlett Foundation Deeper Learning Competencies),21世纪技能的评价与教学组织均视其为"学会如何学习"。

让学生为变化的世界作好准备的最确定的方法是教给他们多才多

---

① Flexnib, "That Alvin Toffler Quotation," http://www.flexnib.com/2013/07/03/that-alvin-toffler-quotation.

艺、反思、自我导向和自我依赖的工具。

元认知——对学习目标、策略和结果的反思

简而言之，元认知是对思维进行反思的过程，由于它涉及自我反思个人当下的处境、未来的目标、潜在的行为与策略以及各种结果，它对学校和生活的各个方面都很重要。其核心是，它是基本的生存策略，研究显示老鼠甚至也有这种策略。①

也许发展元认知最重要的原因是它可促进知识、技能和性格品质在其领域外的非直接学习情境中的应用。② 其结果是素养的跨学科迁移——对于为真实生活情境作准备的学生来讲非常重要，因为在真实生活情境中，学科的清晰分界消失，个体必须从整个经验范围中选择可有效应用的素养以迎接当下的挑战。即使在学术语境中，跨学科应用原则和方法也是有价值的——通常是必要的。

学科内部的迁移也是必要的，例如，当采用举例的方法学习某个特定观点或技能时，学生必须知道如何举一反三，将其应用到完成家庭作业、通过考试等学习任务中，或者其他的情境中。迁移是所有教育的最终目标，因为我们期待学生内化他们在学校的学习，将其应用到生活中。

---

① 研究将老鼠放置在一种它们可以选择后退的任务情境中；如果后退，它们得到的奖赏高于如果失败的回报。正如所预测的是，后退的频率随着任务难度的提高而增加，而且，相对于老鼠被迫面对困难的实验，在老鼠可选择完成任务的实验中，这种预测的准确性更高。参见：A. L. Foote and J. D. Crystal, "Metacognition in the Rat," *Current Biology* 17, no. 6 (2007): 551–555.

② Gregory Schraw and David Moshman, "Metacognitive Theories," *Educational Psychology Papers and Publications*, Paper 40 (1995).

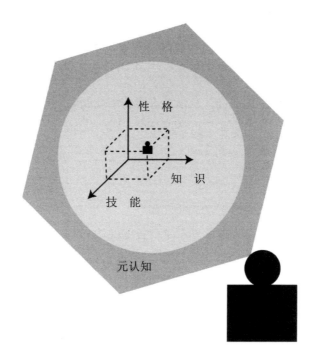

图 6.1 元认知
来源：课程重构中心

为了阐述元认知的价值及其在学习中是如何发挥实际作用的，我们可以举数学例子加以说明，因为有研究认为元认知在数学学习及其学业成就中发挥着核心作用。[1] 具体而言，当新手学生和经验丰富的数学家相比较时，学生选择了看似有用的策略，且在不审视策略选择是否实际发挥作用的情况下继续使用该策略。由此，大量的时间浪费在无果的追求中。而更有经验的数学家却一直应用元认知监控他们解决

---

[1] Z. Mevarech, and B. Kramarski, *Critical Maths for Innovative Societies: The Role of Metacognitive Pedagogies* (Paris, France: OECD Publishing, 2014).

问题的取向以判断其策略是在导向问题解决还是在导向死胡同。① 一个人如果以自己的投入过程为意识对象，这将影响到他如何解读当下的任务和选择以及应用何种策略服务于学习目标的达成。元认知还有助于优化高层次问题解决经验，由此进行跨情境的应用和转化。简言之，元认知策略对于任何学科、跨学科和普遍的学习而言都是强大的工具。

当然，鉴于元认知学习目标是如此的抽象，对教育者来说，明确他们的教学方法是很重要的。发展学习策略的传统方法经常关注规定的程序（记笔记、自我测试和时间规划），这通常能产生最初的动机和一些短期的效果，但是最终又会回归旧习惯。② 这些策略可能具有短期的作用（例如用于应试），然而，一旦情境发生改变，这些方法成功迁移的可能性很低。研究表明，关注深度学习的元认知策略方法——诸如建立发展的心态（随后讨论），确定和监控学习目标、面对困难坚持下来的毅力——将获得更持久的学习效果。③

由于元认知包括更高层次的思维，而高层次思维管理低层次思维，因此元认知实际是系列的思维过程，注意到这一点是很重要的。元认知训练的效果随着何种低层次思维被监控以及如何被监控而不同。相关研究界定了元认知过程的三个水平：

---

① A. Gourgey, "Metacognition in Basic Skills Instruction," *Instructional Science* 26, no. 1 (1998): 81–96.

② E. Martin and P. Ramsden, "Learning Skills and Skill in Learning," in J.T.E. Richardson, M. Eysenck, and D. Warren-Piper (Eds.), *Student Learning: Research in Education and Cognitive Psychology* (Guildford, Surrey: Society for Research into Higher Education and NFER-Nelson, 1986) as cited in J. Biggs, "The Role of Metacognition in Enhancing Learning," *Australian Journal of Education 32*, no. 2, (1988): 127–138.

③ Biggs, "The Role of Metacognition in Enhancing Learning," 127–138.

・将已经用动词表述的认识动词化（例如，回忆故事中发生了什么）。

・将非动词化认识动词化（例如，回忆如何完成魔方游戏）。

・将动词或非动词化认识的解释动词化（例如，解释如何应用所阅读故事的修辞结构）。

研究认为，只有最高层次的（第三个）元认知过程可改进问题解决的结果。①

无论学生起始的学业水平是高还是低，元认知都可在当下学习目标的情境中得到发展，并提升他们的学习素养②和促进他们的学习迁移③。实际上，对于低成就起点的学生来说可能作用更大，因为高成就学生已经采用了被证明对他们有用的策略。④还有研究认为，对于学习困难和低成就的学生来说，元认知训练比传统注意力控制训练对改进行为的效果更明显。⑤

---

① D. J. Hacker and J. Dunlosky, "Not All Metacognition Is Created Equal," *New Directions for Teaching and Learning* 95 (2003): 73–79.

② A. M. Schmidt and J. K. Ford, "Learning Within a Learner Control Training Environment: the Interactive Effects of Goal Orientation and Metacognitive Instruction on Learning Outcomes," *Personnel Psychology* 56, no. 2 (2003): 405–429.

③ J. K. Ford et al., "Relationships of Goal Orientation, Metacognitive Activity, and Practice Strategies with Learning Outcomes and Transfer," *Journal of Applied Psychology* 83, no. 2 (1998): 218–233.

④ W. J. McKeachie, "The Need for Study Strategy Training," In C. E. Weinstein, E. T. Goetz, and P. A. Alexander, eds., *Learning And Study Strategies: Issues In Assessment, Instruction, And Evaluation* (New York: Academic Press, 1988), 3–9.

⑤ K. A. Larson and M. M. Gerber, "Effects of Social Metacognitive Training of Enhanced Overt Behavior in Learning Disabled and Low Achieving Delinquents," *Exceptional Children* 54, no.3 (1987), 201–211.

具有更高自我效能感（对实现目标的能力更自信）的学生更有可能运用元认知，进而更有可能提高元认知水平。[1] 这有力地证明，元认知对高成就学生产生了积极的反馈回路——通过运用元认知策略他们变得更加成功，由此他们更有信心，这又推动他们继续提升学业成就水平。元认知是这种良性学习循环的必要组成部分，且已有证据表明，它可通过教学进一步得到改进。

内化发展的心态

不言自明的是，学生从社会吸收了关于他们自身及才能、努力工作的重要性等方面的综合信息。我们发现这种基础模型有很多种不同的表现方式。学生经常吹嘘他们没费什么功夫就取得了很好的成绩，或者宣称"只是不那么擅长"某个科目。这些情况和很多其他学习行为暗示着，他们在潜意识中认为成功得益于才能和努力工作。

根据卡罗尔·德维克（Carol Dweck）的研究，成功的思维模型可分为两大类。在固定的心态（fixed mindset）中，人们相信，他们拥有的基本品质，诸如智力或才能，都是固定的特征。他们花费时间用各类文件证明他们的智力或才能，而不是发展它们。他们也相信，才能本身创造成功——无需努力。这使得学生不知不觉地陷入了自我失败（self-defeating）的行为模式，而且意识不到深受其害。而在发展的心态中，人们意识到才能只是起点，相信能力可以通过辛勤劳动得到发展。这种观点使学生爱上学习本身，在更大的努力中培养成功所必备的顺

---

[1] Kanfer and Ackerman, 1989 and Bouffard-Bouchard, Parent, and Larivee, 1991, as cited in S. Coutinho, "Self-Efficacy, Metacognition, and Performance," *North American Journal of Psychology* 10, no. 1 (2008): 165–172.

应力品质。

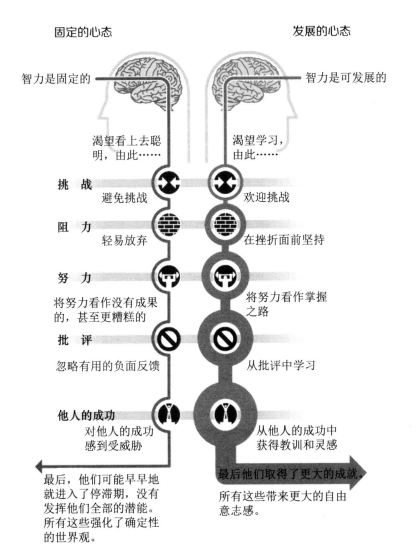

图 6.2　两种心态
来源：卡罗尔·德维克《心态》（*Mindset*），奈杰尔·福尔摩斯绘图

当然，天生的才能和辛勤工作均有助于成功。智商测试的发明者阿尔弗雷德·比奈（Alfred Binet）相信，教育是提高我们智商的关键：

> 最近的一些哲学家似乎在道德上支持这些可悲的确定性判断，即个体的智力是固定的总量，是不可增加的。我们必须抗议和采取行动反对这种悲惨的悲观主义；我们将努力证明这种观点毫无基础……用练习、训练，特别是方法，我们可提高我们的注意力、记忆力和判断力，毫不夸张地说，我们将比过去更聪明。①

我们现在对人们如何能够通过练习提高似乎固定的能力有了更多的认识。赫伯特·尼特奇（Herbert Nitsch），世界自由潜水②冠军，可以在水下屏气9分钟。我们过去一直认为大脑不会改变，后来我们知道大脑在某个特定的发展阶段会改变。我们现在知道，大脑在每个时刻都会基于我们的经验而发生真实的改变，而且正是这些经验的共同作用造成了我们的人格特征和我们有意识的经验。

那么，心态是如何影响学生与他们的学校目标互动的呢？

心怀学习目标（与发展的心态有关）的学生关注技能、理解和课程思维模式的内化。心怀绩效目标（performance goal）（与固定的心态有关）的学生主要关注他们所掌握的内容能否得到评价。前者，即学习目标导向的学生，倾向于将错误看作是发展和进步的机会；而后者，即绩效目标导向的学生，则将错误看作是失败。如此造成的结果是，学习目标导向的学生面对挫折时更加努力，而绩效目标导向的学生则

---

① Baldwin Hergenhahn and Tracy Henley. *An Introduction to the History of Psychology*, 7th ed. (Belmont, CA: Cengage Learning, 2013).
② 自由潜水指的是不使用任何外在的呼吸设备的潜水。

努力较少。①

学习目标导向的学生倾向于采用元认知策略和取得更高的学业水平成就。②这些个人学习能力的内在观点早在学生三年级的时候就以潜在而明确的方式影响了他们的元认知加工过程③,并由此影响(或者不影响!)他们所采用的学习策略。

元学习的重要性

作为成年人,不再有人代我们决定所有的目标及其实现期限,并强加给我们。大部分人的绝大部分生活是在学校之外度过的。为了实现我们期待的生活和应对来自社会的挑战,我们需要持续成长和发展的内在动机。我们学得越多,之前关于世界的概念过时的就越多。例如,在临床研究中,真理的半衰期(half-life of truth)是 45 年。④这意味着,医生在学校学习的一半知识,如果他们自己不更新的话,到他们退休的时候就是错误的。有理由相信,即使对那些决定继续学习的人来说,他们也很难坚持持续更新知识。平均而言,注册网络课程的人中,只有 7% 的人能够坚持完成。⑤我们需要元学习有效辨识我们的弱点,推动我们进步。

---

① D. B. Miele, L. K. Son, and J. Metcalfe, "Children's Naive Theories of Intelligence Influence Their Metacognitive Judgments," *Child Development* 84, no. 6 (2013): 1879–1886.

② S. A. Coutinho, "The Relationship Between Goals, Metacognition, and Academic Success," *Educate* 7, no. 1 (2007): 39–47.

③ Miele, Son, and Metcalfe, "Children's Naive Theories," 1879–1886.

④ T. Poynard et al., "Truth Survival in Clinical Research: An Evidence-Based Requiem?" *Annals of Internal Medicine* 136, no. 12 (2002): 888–895.

⑤ Chris Parr, "Not Staying the Course," *Inside Higher Ed*, www.insidehighered.com/news/2013/05/10/new-study-low-mooccompletion-rates.

没有元学习的教育所取得的效果是有限的，因为有证据表明，人们没有将他们的理解——即使他们的理解是深刻的——应用到决策中。在一项研究中，研究者审视了伦理学家是否在日常生活中更具有道德标准：

> 证据显示，伦理学家做出下列行为的可能性并不高：捐钱给慈善机构、选择素食、回复学生的电邮、支付所欠的会议注册费、归还图书馆的书籍、在公共事务中投票、和母亲保持定期的联系、献血或捐献器官、在会议上举止得体。[1]

因此，元认知是辨识机会、改进自我的关键；而相信自己可以取得进步，则有必要具备发展的心态。在此基础上，我们需要元认知有效规划、监控和评价学习策略。

元学习是教育的第四个维度，有助于所有的学生完成当下和未来多样化的学习和工作任务，也有助于个体应对他们在生活道路中必须作出的个人选择。"好的，我如何知道这是恰当的事情？"和"如果我坚持，我就能够成功"都是我们内在的声音。元学习通过建立目标和反馈的回路，让学生在其间产生良性循环，即使没有教师和父母在每个学习步骤上的催促，他们也能不断取得进步，茁壮成长。这就是元学习对教育其他维度（知识、技能和性格）的支持和完善。

如何成为富有效率和全面发展的 21 世纪人才？世界的持续改变使之没有固定的答案，然而，元学习将为学生终生的自我导向的学习、卓有成效的职业选择和终生的持续发展的成功铺路搭桥。

---

[1] E. Schwitzgebel, "The Moral Behavior of Ethicists and the Role of the Philosopher" in *Experimental Ethics: Toward an Empirical Moral Philosophy*, C. Luetge, H. Rusch, and M. Uhl, eds. (New York: MacMillan, 2013).

第七章
简述如何实施四个维度的教育

课程和教学方法之间的反馈回路

虽然本书都是关于课程，但是我们知道课程和教学方法之间的反馈回路的重要性。教育立法机构通常决定实施什么样的标准和评价，这涉及地方和学校层面决策的灵活性。学校进而通过测试、评价和研发（R&D），提供来自课程和教学实践及其效果的反馈。

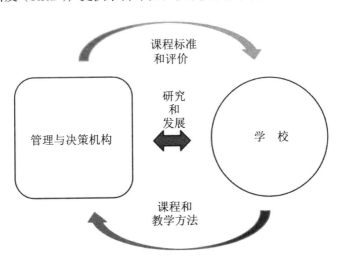

图 7.1 　课程和教学方法之间的反馈回路
来源：课程重构中心（2015）

我们也知道对于课堂中的学生和教师而言教学方法的重要性。相同的主题，以这种方式呈现，其效果可能是寡然无味和低效无力；而以另一种方式呈现，可能产生持续终生的实用、认知和情感的价值。

就技能、性格和元学习维度而言，似乎难以置信的是，勇气可以在课堂上得到发展，互动技能可以通过被动地听讲座得到锻炼。前面提到的"如果成功实施"的警告取决于将内容与教育目标相匹配的实践。形构21世纪学习者的实践就是形构他们的学习活动，包括形成知识、学习技能，发展性格品质和应用元学习策略。这些学习活动经常超越了说教式的讲授法，以基于项目的学习、探究式学习、辩论、设计、表演、远足、运动、沉思和游戏等方式实施。当然，课堂中对技术的恰当使用也很重要。在此，我们将简要地论述这个重要的问题。

与技术的交互

（注意：该部分不是描述教育技术的所有可能性应用，也不是论证技术的有效性——这需要一本书的笔墨。在此我们的唯一目的是简要强调这种努力的潜能。）

我们经常会听到人们提出这样的问题：我们如何在课堂上使用技术？然而，一个更好的问题应该是：我们如何在课堂上用技术促进我们教育目标的实现？教学具有优先性，技术应该是无形的。如果我们在学校展示我们的技术，就是喧宾夺主，丢了重点；我们应该展示的是技术对学习的赋能。内容和素养必须是课堂的国王和王后。①

当我们考虑技术对教育帮助的方方面面的时候，它既不是教育的济世良方，也不是教育的摧花辣手，记住这一点很重要。技术就其本身而言不是目标，它是一套有用的工具，可促进学生的教育体验和学习。

例如，如果学生在解决数学问题过程中没有养成追求意义的习惯，计算机将只会遮蔽和恶化我们正在丧失的技能。虽然他获取了正确答案，但是停留在对概念的表面理解层面。换言之，学生应用技术掩盖了他深度理解的缺陷。同时也有技术正是要帮助克服这个问题。例如，学生使用 QAMA 计算器②时，在获得正确答案之前必须输入一个估值。③ 因此，技术既可以是恶化理解表面化的工具，也可以是促进深刻理解的工具。

技术的长处是它的加工能力，相比手工计算，它能处理更多的逻辑算法和数据，这是学生可以学会利用的长处。由此，技术为学生释放了空间和时间，让他们练习和发展更高水平的思维技能。软件工具可用来解决复杂的数学问题，例如真实世界的数据和程序。这是计算机辅助的（computer-assisted）和基于计算机的（computer-based）④数学教育的关键差别——计算机辅助的教育并不应用技术促进学习，只是简单地将传统学习置换到计算机的界面。而基于计算机的学习将计算机作为工具，学生应用它训练更高水平的思维技能。

---

① P. Nilsson, "The Challenge of Innovation," *Critical Thinking and Creativity: Learning Outside the Box Conference*. Bilkent University (2011).

② QAMA, http://qamacalculator.com.

③ 估值与正确答案的关系是各家计算器的独门运算秘诀。

④ Computer-based math, www.computerbasedmath.org.

技术的另一个优势是，它让学生接触到全球范围的大量资源和多样化的观点。学生必须学会成为信息的批判性消费者。当今世界，人们可以表达任何可能的观点——不同的博客可以就相同的研究进行不同的阐释，这意味着什么？不同的研究可就相同问题得出真假不同的研究结论，这又意味着什么？学生需要学会好的经验原则，以此应对信息丰富和观点繁杂的情境（这是前面已提到的信息素养教育的目标）。

技术将学生和来自世界不同地区的人联结在一起。在并不遥远的过去，笔友交往要考虑很多的物流交通问题，来回寄发信件受限于时间的长期延宕；现在，相同兴趣爱好的人可以即时联结，不同观点、不同类型的人也可以即刻交互。由此，我们有大把的机会接触到不同的文化，了解我们自己，学习掌握生于相互联结的世界中的必要技能，如互动与合作、批判性思维和创造性思维。

最后，技术可基于个体学生的需求进行个别化设置，虽然这种能量的完全发挥还尚待时日。在未来，技术能够适应学生的学习状况，根据学生的学习行为进行调整。最新的研究表明，个别化学习理论和潜在途径可向学生提供最佳数量的反馈，设定与其学习能力相匹配的恰当难度水平，向教师发出最有益的教学指导信号。学习也可以和视频游戏和虚拟现实环境那样让人身临其境和兴奋不已，学生的自主性、掌握目标和更明确的意图可激发他们的学习动机。评价和学习完全一体化，发展性地指导学生的经验，即时整合所需的教学变化，不断优化学生的学习进程，全面记录学生的点滴进步。

第八章
结　语

教育、证据和行动

有人可能会质疑，还没有足够的科学证据表明，如果成功教授的话，本书呈现的框架维度和要素将真的使人类受惠，这种质疑是合理的。毕竟，本书的内容能否排除合理的怀疑，科学尚没有证明。

有人相信科学事实是二分的——科学或者已经百分百证明某件事物为真，或者在证明其为真之前我们对此没有任何发言力，这种二分法是错误的，这种认识也是危险的。即使是已被充分论证的科学概念，如进化，也正在遭到这种错误的批评，因为有些人相信，既然它没有被"完全证明"，就有可能被证明是错误的。

我们相信，在教育设计中，甚至在不确定性面前，我们大家都有责任竭尽所能以做到最好。证据不全面的一个原因是，这些扩展的教育目标和社会进步的措施比可背诵的内容或者算术的最基本技能更难以评价。然而，我们相信，课程不应该由教育结果的测量是多么容易或者困难来决定。我们想避免街灯效应（streetlight effect）或者观察偏见——只在我们希望能够找到答案的地方寻找。① 因此，我们设计的出发点是关于世界需求和恰当的教育目标的实践性理念，是为我们所需要的教育而非为数量增长的教育综合了一个框架。

在现实中，科学家经常研究可见的明确事物，也在深度的不确定性中探索。决策者通常必须在无百分百把握时采取行动。真实世界几乎从未建立在绝对事物上。我们必须记住，不采取行动改变现行教育体系的决策本身就是一种行动，我们有充分的证据去相信"决策的巨人，行动的矮子"无助于改变事实，只会延续存在的问题。现行教育体系没有顺利实现理想的目标——为所有学生在21世纪的成功作准备，学生所需要的不是他们在学校被教授的，这两者之间的鸿沟还没有被快速地消除。由于绝对科学证据的虚妄标准而放弃对现行教育体系进行改进，这种选择不具有可行性。

现行教育体系也不应该免于证据（receive a free pass on proof），而应该开展基于证据的教育研究。当我们进行批判性审视时，我们发现许多研究揭示了现行教育体系的不足之处。即使是对那些在现行体系下非常成功的学生来说，也没有证据表明，如果他们通过的是另一个不同的体系，他们的成就会比现在逊色。

康拉德·沃尔夫拉姆区别了创新驱动的证据（innovation-led evidence，产品首次制作，然后进行价值检测）和证据驱动的创新（evidence-led innovation，来自先前产品的形式证据成为任何新产品的设

---

① 街灯效应来自下面这个故事：一天晚上，一个警察正沿着一家酒吧巡逻，看见一个醉汉在路灯映照下的地上爬来爬去。"你在找什么？"警察问醉汉。"我在寻找我房间的钥匙，"醉汉说，"我就在这周围丢了它。""我来帮助你。"警察说。于是他们开始在路灯下面寻找。过了几分钟，他们还是没有找到钥匙。"你确定你是在这里丢了钥匙吗？"警察问。"不，我不能完全确定，"醉汉说，"我可能丢在小巷子里了。""那么，你为什么不到小巷子里去找？"警察问。"嗯，因为灯在这里。"醉汉说。

计目标)。^①他相信，前者更富有成效，虽然结果的效度必须一直可证实；而后者，就定义而言，排除了基础性的创新，因为它将产品限制在其来源的范围中。

当人们创造出全新的事物时，它就不是以可预测的方式从过去收集形式上的证据。这种创新需要一次或者好几次飞跃——新视角的新见解。通常，这来自大量的长期观察、经验、反复尝试和更具神秘性的思维火花。但是无论它来自哪里，都不完全是受证据驱动的。

更重要的是，我们确实有愈来愈多的来自学校和学校网络的证据。实际上，采纳这些新的学习目标、课程实践和评价方式，确实给学生的生活带来了积极的影响。休利特基金的深度学习素养^②通过对500所学校的研究表明，有足够的证据显示，当学生有机会学习扩展性的素养——课程重构中心框架的组成部分时，他们可以比过去更成功。一份来自美国研究所的最新研究报告提供了非常充分的证据：

> ……在一系列测试中，研究者比较了参与威廉姆与弗罗拉·休利特深度学习社区实践（William and Flora Hewlett Foundation's Deeper Learning Community of Practice）的实验学校高中生和非参与的高中生，发现前者比后者的表现更优，包括考试分数、处理与他人关系的技能、处理与自我关系的技能、按时毕业率和大

---

① Conrad Wolfrram, www.conradwolfram.com/home/2015/5/21/role-of-evidence-in-education-innovation.
② Hewlett Foundation's Deeper Learning Initiative, http://www.hewlett.org/programs/education/deeper-learning.

学入学率。①

我们可以比现行的教育体系做得更好；为了创新，我们必须综合与学习我们获得的所有专业知识，然后进行考虑周全的飞跃。

社会的元学习

在本质上，看待本书所呈现内容的另一个方法是，我们和我们的社会都共同投身到更大范围的元学习过程中。我们审视我们的学习目标和策略，时刻监控和反思我们的进步和挫折，持续从经验中学习，不放弃尝试创新——所有这一切都是为我们的时代重构我们的教育。

本书还只是朝这个方向努力跨出的一小步。我们总结了我们面临的 21 世纪的挑战，开出了我们最佳的教育目标处方，最有效地应对这些未来的挑战——这就是我们 21 世纪的学习框架的维度。

我们也希望在社交媒体和本书网址的评论区获得你的反馈，以充实我们未来的工作，帮助各地需要对学习内容进行变革和持续创新的人士与学校。为了合作重构课程，我们正在使用本书导语部分介绍的、具有渐进取向特点的分布模型（distribution model）。

重构为学生的未来作准备的教育目标和学习经验，赋予他们为我们大家建构更美好未来的能力，没有什么比这更具有挑战性和更激动人心的。我们的希望是，你分享我们的兴奋，加入到我们的探险中，共同回应一个简单的问题：学生应该为 21 世纪学习什么？

---

① American Institute of Research Report, "Deeper Learning," August 2015, http://educationpolicy.air.org/publications/deeper-learning-improving-student-outcomes-college-career-and-civic-life -sthash.N6W5vWeI.dpuf.

附 录

术语的基本原理

正确的术语分类应该考虑哪些方面？课程重构中心采用了以下逻辑形成最重要的术语分类：

- 非教育专家普遍理解这个术语吗？
- 非英语母语者普遍理解这个术语吗？
- 该术语最大可能地表征了所要求的行动吗？
- 该术语的抽象层次合理吗？

通过上述方法，课程重构中心将注意力集中到以下术语中（见表A1.1）。

表 A1.1　课程重构中心的术语分类

可能的术语	课程重构中心的选择	逻 辑
科目、内容、学科、知识、理解	知 识	·课程由内容构成。 ·内容是知识的子集。 ·学科是知识的分科。 ·理解是作为结果的目标，而"理解"是难以把握的，有各种不同的意义。

续 表

可能的术语	课程重构中心的选择	逻 辑
21世纪的技能、高级思维技能	技 能	技能被广泛地理解为"应用知识",但是在许多情境中——从乘法表到企业家精神,被过于滥用。课程重构中心只用它描述"4C"技能。
性格、能动性、天资、态度、特质、行为、能力、性情、人格、脾气、价值观、社会和情绪技能	性 格	·没有任何一个单个的词能满足每个人。 ·性格在一些国家用得最多,特别是亚洲国家。该词在这些国家的政治色彩弱于美国和英国。 ·性格是可理解的,甚至非专家都能理解。 ·所有其他的术语中,每个词都有其限度和偏见的理解。 ·"社会和情绪技能"这个词太长,听上去学术化,且"技能"一词令人困惑。
元认知、学习如何学习、反思、自我导向的学习	元学习	·"学习者通过思维形成思维意识,学习者不断控制其内化的感知、探究、学习和发展的习惯"。 ·分出第四个维度,尽管很难分类,考虑到这个维度的重要性,需要额外重视,不能将其包括在技能中。 ·"元认知"过于技术化,在其他语言中令人感到难以理解。 ·元学习突出了该层面的定位,即增加其他三个维度的深度和效果,促使人们反思和适应自己的学习方法和结果。

来源:课程重构中心

关于课程重构中心

重构教育标准

课程重构中心是一个国际会议组织和研究中心,通过重新设计21世纪的K-12教育标准,追求拓展人类的潜能和增加人类的共同财富。为了创造综合的框架,课程重构中心将具有多元化观点的支持者——国际组织、教育立法机构、学术机构、公司和包括基金在内的非政府组织——联结在一起,思考和回答这个问题:"学生应该为21世纪学习什么?"

中心的指导原则

可持续发展的人类——拓展共同的潜能,增加共同的财富——精心协调多元社会、教育和环境因素。核心观点是:基于有意义课程的相关教育是创造可持续性、平衡和健康的关键。

显著性关注教学方法和教学论的同时,课程重构中心认为,K-12的教育内容和教育方法至少同样重要,我们的关注重点是教育内容。

21世纪的课程必须正视社会的加速变化,充分考虑社会和个人需求的快速演化。课程必须对儿童的生活有作用,并据此进行调整。

我们对有意义课程的贡献能力要求我们对各种不同的视角持开放的态度。由此,课程重构中心避免教条,强调创新和综合——应用和组织多元化信息,最清晰地表述和产生最大的影响。

我们能够——也将——形塑我们想要的未来。

关注课程

技术巨大而快速的变化使得对未来特定变化的预测变得更不可靠，但是可以确定的一点是：我们必须为儿童作好应对前所未有的巨大复杂性的准备。上一次课程的巨变发生在 18 世纪末，也是需求快速变化的时代。我们早已进入 21 世纪，不能依靠 19 世纪的课程。确实，我们不能期待我们的孩子茁壮成长，除非我们深入审视、重新设计和发展与 21 世纪的需求相适应的课程——平衡和灵活的课程。茁壮成长意味着适应性强和多才多艺。

围绕着适应性和多才多艺设计课程框架，我们实现两个主要的目标：

- 增加每个人的生活和职业之成功与满意的机会。
- 为人类的可持续发展，提供理解的共同基础，提供参与社会的能力。

中心的工作

课程重构中心不是一个项目或者干预者。该中心的职员和合作者以整体的方式推动工作，和政策制定者、标准设计者、课程和评价的开发者、学校的管理者、校长、系主任、骨干教师、其他有思想的教师和影响者积极互动，彻底理解所有教育利益相关者的需求和挑战。这对于创造有意义的、相互关联的 21 世纪的教育愿景和真切实现这些愿景是非常必要的。

课程重构中心通过以下方式进行传播和推广：课程重构中心资助的会议和讨论会、积极的网络广告和社交媒体、咨询活动和主题演讲。

下面的视频总结了我们的思想，可以免费分享：http://bit.ly/

CCRintrovideo。[①]

课程重构中心的评价研究联盟

为什么是评价研究联盟?

随着新框架和更广泛的教育目标的发展,为了追踪这些目标的实现情况,需要采取一系列推动措施。在其他新兴领域和行业中,组织与专家通常构成竞争前期和合作性的联盟,他们共同确立测量、评价和进展评估的新标准,共同创造研究的公平竞争环境、高标准和有效实践,为所有的支持者提供最好的服务。

现在,世界上有无数的评价项目,但它们彼此不相联系,其结果是,达不到临界质量,陷入发展困境。正如在其他行业中那样,诸如半导体、生物技术等,我们这种联盟的目标是将所有分隔的研究项目相协调,基于竞争前期的基础,通过共担支出和共享产品,提供这种复杂研究背后的临界质量。

一旦基础性的研究、标准和典范实践牢固确立和被所有联盟成员共享,就到了万朵创新之花在全球服务和产品市场以竞争与合作的方式竞相绽放之时。

教育评价联盟的目标在于组建一个共同的领域,建立学生、课堂、学校、社区、地区、州、国家和全球的学习评价新体系,与21世纪的全球目标和期待的教育结果相一致。

---

① 观看视频媒体,请点击:http://bit.ly/CCRintrovideovimeo。

评价研究联盟是如何发挥作用的?

我们邀请了来自政府、私立组织、学术团体和非政府组织的领导者加入联盟，共同审视核心的研究项目，明确界定何谓四个教育的维度（知识、技能、性格和元学习）所涉及的发展性评价和过程性评价。

学习结果的评价	发展性评价	学习过程的评价
标准化的，听上去像心理测量的测试或者工具，和已有的标准、水平和问责导向的学习结果、项目评价或者研究相比，评价学生是否发展了知识、技能和其他素养。 * 例如：美国教育进步评价测试	采用形成性的和一些档案袋的总结性方式：判断学生在进程性的工作和表现性的任务中的学习进步情况；涌现的新的学习需求；修改作业和提高素养的机会。 * 例如：绩效任务	多半指的是在形成性的、有意义的学习内容中内置评价。这种内置式的评价向学生提供即时性的反馈，根据循序渐进原则，不断推动学生去掌握新的学习内容。反馈的方式多种多样，反馈成为学生持续学习经验的一部分。 * 例如：网络学习游戏

联盟意图形成前沿的、可推广的，与评价框架所列的12种能力相关的评价成果。鉴于与21世纪的社会需求相一致的教育的紧迫性，联盟的目标是在3至5年完成评价的推广成果，推动其快速应用。

关于作者

查尔斯·菲德尔（Charles Fadel），全球教育思想领导者和专家、未来学家和发明家，课程重构中心的创立者和主席；哈佛大学研究生院的访问学者；商业与工业顾问委员会/经合组织教育协会主席；畅销书籍《21世纪技能：为我们所生存的时代而学习》的合著者；赫维提卡体教育基金会（Foundation Helvetica Education）（瑞士日内瓦）的创立者和主席；世界大型企业联合会（The Conference Board）的高级研究员和人力资本顾问；P21组织的高级研究员。他联络许多国家和地区的教育行政部门，在30多个国家和地区从事教育项目。他曾是思科系统公司全球教育主管；麻省理工学院环境、社会与治理系和宾夕法尼亚大学的访问学者；天使投资者。他拥有电子工程学士学位（BSEE）和工商管理学硕士（MBA）学位，有5项发明专利。他的详细简历的网址是http://curriculumredesign.org/about/team/#charles。

玛雅·比亚利克（Maya Bialik），作家、编辑和课程重构中心的研究经理，热衷于个人和政策层面的科学的意义阐释和应用。她是非营利组织人民科学的联合创始人和联合主任，该组织研究如何改善科学与社会的关系。她领导科学互动、即兴创作和跨学科工作坊。她拥有哈佛大学的思维、大脑和教育的硕士学位。她还从事复杂系统、教育、环境科学、心理学、神经科学和语言学的研究和写作。她的推特是@mayabialik。

伯尼·特里林（Bernie Trilling），21世纪学习咨询者组织（21st Century Learning Advisors）的创立者和CEO，甲骨文教育基金会全球业务前主管（the former Global Director of the Oracle Education Foundation），P21组织的董事会成员，联合主持P21的彩虹学习项目，目前是P21组织和美国领导力论坛（American Leadership Forum）的高级研究员。曾是美国全国教育实验室——教育技术（Technology In Education）团队西部教育项目（WestEd）——主任，惠普公司的教学行政主任，协助组建了首家全球交互式远程学习网。他是《21世纪技能：为我们所生存的时代而学习》的合著者，撰写了"深度学习：超越21世纪的技能"等章节。他还是无数教育会议的特邀演讲嘉宾和工作坊领导者。

图书在版编目（CIP）数据

四个维度的教育：学习者迈向成功的必备素养／（美）查尔斯·菲德尔，（美）玛雅·比亚利克，（美）伯尼·特里林著；罗德红译.—上海：华东师范大学出版社，2016

ISBN 978-7-5675-5855-7

Ⅰ.①四... Ⅱ.①查... ②玛... ③伯... ④罗... Ⅲ.①教育研究 Ⅳ.① G40-03

中国版本图书馆 CIP 数据核字（2016）第 274828 号

大夏书系·西方教育前沿

四个维度的教育
——学习者迈向成功的必备素养

著　　者	查尔斯·菲德尔　玛雅·比亚利克　伯尼·特里林
译　　者	罗德红
策划编辑	李永梅
审读编辑	张思扬
封面设计	奇文云海·设计顾问
出版发行	华东师范大学出版社
社　　址	上海市中山北路 3663 号　邮编　200062
网　　址	www.ecnupress.com.cn
电　　话	021-60821666　行政传真　021-62572105
客服电话	021-62865537
邮购电话	021-62869887　地址　上海市中山北路3663号华东师范大学校内先锋路口
网　　店	http://hdsdcbs.tmall.com
印 刷 者	北京密兴印刷有限公司
开　　本	640×960　16 开
插　　页	1
印　　张	11.5
字　　数	148 千字
版　　次	2017 年 3 月第一版
印　　次	2021 年 7 月第五次
印　　数	15 101-17 100
书　　号	ISBN 978-7-5675-5855-7/G·9936
定　　价	42.00 元
出 版 人	王　焰

（如发现本版图书有印订质量问题，请寄回本社市场部调换或电话 021-62865537 联系）